에세이
어린 왕자 교육론

에세이 어린 왕자 교육론

초판 1쇄 발행 2025년 4월 18일

지은이 이학주
펴낸이 장길수
펴낸곳 지식과감성#
출판등록 제2012-000081호

교정 정은솔
디자인 김희영
편집 김희영
검수 이주연, 정윤솔
마케팅 김윤길

주소 서울시 금천구 벚꽃로298 대륭포스트타워6차 1212호
전화 070-4651-3730~4
팩스 070-4325-7006
이메일 ksbookup@naver.com
홈페이지 www.knsbookup.com

ISBN 979-11-392-2536-5(03370)
값 9,000원

- 이 책의 판권은 지은이에게 있습니다.
- 이 책 내용의 전부 또는 일부를 재사용하려면 반드시 지은이의 서면 동의를 받아야 합니다.
- 잘못된 책은 구입하신 곳에서 바꾸어 드립니다.

지식과감성#
홈페이지 바로가기

에세이

어린 왕자 교육론

이학주

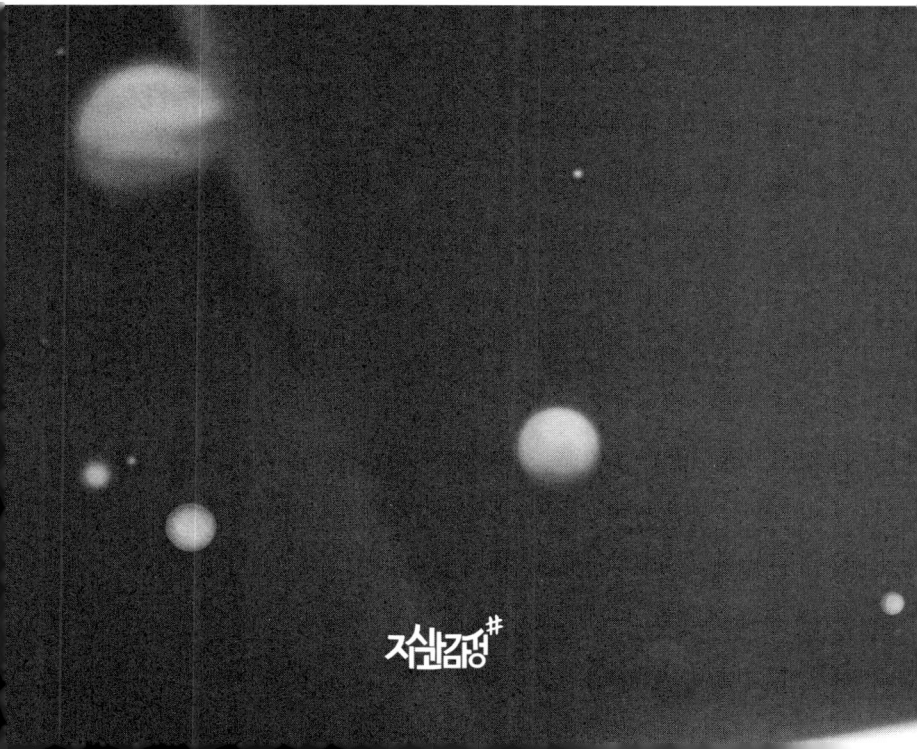

차례

교육의 원형과 환영	6
공부와 시험공부	18
우리 교육학의 빛과 그림자	29
소크라테스의 수업거부	40
낚시터에서의 단상	46
신념은 가르칠 수 있는가	54
어린 왕자 교육론	67
스승과 선비	76
갈매기 조나단의 자유교육론	83
행복순과 성적순	90
사랑하는 법의 공부	98
학교를 위한 변명	110
'마음의 행로', 교사의 행로	119
교직과 여가	126
스승의 오솔길	137
저자 후기	144

교육의 원형과 환영

 과연 '교육이란 무엇인가?' 이 질문은 허망하다 못해 생소하게 들린다. 기껏해야 교육학개론 수업 시간의 기억 속에나 겨우 살아 있지 않을까 싶다. 그도 그럴 것이, '교육'이라는 말이 사용되는 일상적인 맥락을 통해 우리가 이미 교육이 뭔지 잘 알고 있다고 믿기에 따로 질문이 필요 없었던 것이다. 그러나 과연 그런가? 인간은 인간이 무엇인지를 물을 때 가장 인간다워지듯이, 교육도 교육이 무엇인지를 물음으로써 비로소 교육다워진다고 보아야 한다.

 교육계 안에서도 언제부터인가 '교육'이라는 보통명사보다 '**교육', '○○교육' 등, 현란한 수식어가 앞을 가린 고유명사들이 유행처럼 떠도는 바람에, 정작 교육의 본질에 관한 관심은 그만큼 흐려질 수밖에 없었을 것이다. 어쩌면 우리는 지금 교육의 이데아가 아니라 그것이 일그러져 비쳐진 그림자인 환영을 교육으로 착각하고 있는지도 모른다. 비록 이 세상 너머에 있다는 이데아까지는 아니더라도, 우리 인류가 그동안 '교육'이라는 이름으로 이어져 온 삶의 모습, 그 본래적인 모습을 탐색하는 노력이 바로 '교육이란 무엇인가?'라는 질문의 대답을 찾는 데 중요한 실마리가 될 것이다.

 교육은 언제나 문명과 역사를 같이한다. 서양 교육의 시원 역시 서양 문명의 발원지로 여겨지는 고대 그리스의 조그만 도시국가 아테네에서 찾을 수밖에 없다. 당시 '교육'을 뜻하는 '파이데이아'(paideia)라는 말은, '문명', '문화', '전통', '문학', '인문' 등, 인간이라면 마땅히 향유해야 할 모든 문명적 가치가 통합된 의미였고, 이른바 '자유교양교육'(liberal education)을 뜻하는 개념이었던 것이다. 바로 이러한 교육의 힘이 곧 아테네를 학문과 예술의 전당이자 서양문명의 원천으로 만들었던 것이다.

 '자유교양교육'에서 '자유'의 의미는 여러 의미로 해석될 수 있다. 노예가 아닌 자유시민을 위한 교육, '자유교양과목'(liberal arts)을 내용으로 하는 교육, 인간의 정신을 자유롭게 하는 교육이라는 의미도 함의하지만, 가장 중요한 의미는 어떤 특정 목적으로부터 자유로운 교육이라는 뜻에서 찾을 수 있다. 즉 교육은 특정 목적을 위한 수단이 아니라 그 자체가 자유인이 되기 위한 논리적 필요조건으로 내재적으로 정당화된다는 뜻이다. 바로 이러한 '파이데이아'라는 교육의 원형적 개념이야말로 교육의 본질적 의미에 다가서는 중요한 단서가 된다.

고대 그리스의 여러 도시국가 중에서도 아테네가 가장 전형적인 교육의 모습을 보여 줄 수 있었던 데는 그 나름의 사회, 문화적 여건이 작용한 것으로 설명되기도 한다. 예컨대 노예사회의 덕택으로 누리게 된 자유시민의 '여가'(skole; leisure = school)가 학문의 탐구와 교육에 대한 관심을 높일 수 있었을 것이라는 가설도 제기되곤 한다. 그러나 여기서 말하는 '여가'의 의미가 지금 우리가 쉽게 생각하듯, '일하지 않아도 되는 시간적인 한가로움'이 아니라 오히려, 자유인이 누려야 할 바람직한 '정신상태'라는 당시의 뜻으로 해석하면 논리적인 선후관계가 역전될 수 있다. 여가 때문에 공부한다기보다는 공부를 통해서 여가를 누린다는 쪽이 옳을 것이다. 이러한 아테네의 교육적 관심이 위대한 시인, 극작가,

철학자들을 길러 낼 수 있었을 뿐 아니라, 그들 스스로 교육자로서 공헌함으로써 아테네가 서양 문명의 발원지로 작동할 수 있었던 것이다.

아테네 문명이 서양 문명의 원류로 자리 잡는 데는, 오묘한 역사의 아이러니들이 숨겨져 있다. 그중 하나가 바로 소크라테스의 죽음이다. 소크라테스는 아테네 시민들의 삶의 자세에 끊임없는 성찰을 요구했고, 이에 반발한 일부 시민들에 의해 고발을 당하게 되는데, 그 죄목 중 하나가 놀랍게도 '반교육적'이라는 것이었다. 그리고 교사의 가르침에 반항하는 이들의 '반교육적' 자세를 응징하기 위해 그는 죽음이라는 극단적인 '반교육적' 방법으로 응수한다. 결국 이 사건은 '교육'의 의미를 주제로 한 한 편의 잘 짜여진 드라마였으며, 제자인 플라톤에 의해 '교육적 순교' 사건으로 기록됨으로써 위대한 교육 자료로 길이 남게 되었다

소크라테스의 사후 2세기도 지나기 전에 아테네를 포함한 그리스는 역사에서 사라진다. 어쩌면 '나와 같은 등에를 죽이면 아테네는 영원히 무지의 잠에 빠질 것'이라는 소크라테스의 저주가 실현된 것인지도 모른다.

만일 그 실현이 사실이라면 마케도니아 왕국의 아테네 정복은 곧 아테네 문명의 종식을 뜻하는 것이어야 한다. 그러나 여기서 기적과도 같은 극적인 반전이 있었다. 마케도니아를 이끈 알렉산더(Alexander) 대왕은 당시 아테네의 대표적 석학인 아리스토텔레스로부터 아테네 문명과 학문을 고스란히 전수받은 제자로서 오히려 그가 정복한 광활한 영토에 아테네 문명(Hellenism)을 전파 보급하는 전도사 역할을 자임하였다. '알렉산드리아'라는 도시를 건설하여, 헬레니즘 문명의 보급 기지로 삼았고, 그의 업적은 마케도니아가 로마 대제국에 흡수된 뒤에까지 살아남아, 이른바 '그레코-로망'(Greco-Roman)이라는 문화적 연결고리로 대물림되는 데 기반이 되었다. 바로 이러한 서양 역사의 흐름 속에 바로 교육의 원형인, '파이데이아'의 위력이 살아 있었던 것이다.

헬레니즘은 로마 대제국의 번창과 함께 유럽 전역으로 퍼져 사회 저변에 자리 잡아 가는 듯이 보였다. 그러나 기원후로 넘어오면서 헬레니즘은 점차 엄청난 도전에 부딪치게 된다. 기독교 신앙으로 무장한 히브리즘

(Hebraism)이 서서히 로마제국에 유입되면서 전혀 이질적인 양대 문명 간에 숙명의 대결이 벌어지게 된 것이다. 수 세기에 걸친 이 처절한 대결은 히브리즘의 일방적인 완승으로 끝나면서 '중세'라는 이름으로 불리는 새 시대가 개막된다.

중세에 대한 평가가 다소 엇갈리는 경향이 있기는 하나, 적어도 지성적인 면에서 '암흑기'라는 일반적인 평가에는 아직 변함이 없다. 특히, 교육의 경우, 신이라는 새로운 권위에 복종함으로써 '암흑'보다도 '질식'이나 '말살'이라는 표현이 적절할지 모른다. 적어도 중세 천년 중 전반기 5, 6세기 동안은 교육의 공백기나 다름없었다. 그 기간 철학은 신학의 시녀로, 예술은 교회의 장식으로, 학교는 교회의 부속기관으로 전락했던 것이다. 교육을 담당한 수도원에서의 주요 일과는 '경전 베끼기'(寫經)와 노작으로 채워졌다. 그리고 이러한 교육의 부재가 가져올 재앙은 너무나 분명하였다. 그것은 무지와 야만, 부패와 타락 등, 한마디로 휴머니즘의 실종이었던 것이다.

중세 중반을 넘어서면서 대제와 대주교 등, 몇몇 교

육에 관심을 가진 지도자가 등장한 것은 그나마 불행 중 다행이었다. 거의 문맹상태에 가까운 대중들을 위해 그들이 제일 먼저 할 일은 교육과정을 정비하는 일이었다. 그리고 그들은 그리스로부터 물려받은, '7자유교양과목'이라는 커리큘럼을 공식화함으로써 교육의 역사에 한 획을 긋는 업적을 남긴다. 중세 전반에 부정적인 역사가들마저 이 시기를 '작은 르네상스'로 평가하는 것은 이러한 변화의 역사적 의미를 인정하지 않을 수 없었기 때문이다.

자유교양과목은 이름 그대로 아테네 교육의 회생을 의미하는 것으로서, 필연적으로 헬레니즘 문명의 부활을 예고하는 것이기도 하였다. 그리고 그 교과들의 교재 역시 그리스 로마의 고전들일 수밖에 없었다. 그 대표적인 예가 다름 아닌 로마시대 키케로(Cicero)의 작품들이었다. 이렇게 중세 후반으로 갈수록 교육이 서서히 살아나면서 학문과 예술이 점차 제 위치를 찾게 되고, 그 여파로 세계 여러 곳에 많은 대학(universitas)들이 세워지고, 거기서 아테네의 철학이 논의되면서 자연스럽게 스콜라철학으로 발전하게 된다.

이러한 교육과 학문의 자연스러운 상승작용을 통해 중세의 어둠이 서서히 걷히고 여명이 밝아 오게 된 것은 역사적 필연이었다. 아테네 휴머니즘 문화의 부활을 뜻하는 '르네상스'야말로 바로 교육의 힘, 그것도 교육의 원형에 가장 충실한 인문주의 교육의 위대함을 역사적으로 입증한 인류사의 중대 사건이었던 것이다. 거기에는 교육과 학문이 신앙의 힘보다 강할 수 있다는 상징적인 의미까지 곁들여진 것으로 볼 수 있다. 비록 중세가 불행한 역사임에는 틀림없으나, 그 시대가 교육에 주는 역사적 교훈만은 기억할 가치가 있다.

　　20세기 대표적인 교육철학자인 피터스(R.S.Peters)는 '교육'이란 '지식과 이해, 지적안목에 헌신하는 사람을 길러 내는 성년식(initiation)'이라고 답하고 있는데, 이야말로 아테네의 '파이데이아'를 현대적인 언어로 재해석한 것에 불과하다. 여기서 우리는 교육적 인간상으로서의 '교양인'의 의미에 관심이 갈 수밖에 없다. 우선 우리가 자주 말하는 '교양'이란 무엇인가. 여기에 가장 명쾌한 답은 화이트헤드의 '교양이란 활발한 사고력이자, 미와 인간성에 대한 예민한 감수성'이라는 정의가 아닌가 싶다. 풀어 말하자면 아름다운 것을 아름답다고 알아보고, 인간다움을 인간답다고 알아보는 정확한 판단력을 교양의 의미로 정의했는데, 이만큼 인간다움의 가치를 간결하게 함축한 표현도 드물 것이다. 그런 인간 가치가 바로 교육의 원형인 파이데이아의 인문교육, 교양교육, 자유교육의 전통 속에 담겨 있는 정신의 정수라고 할 수 있다.

이런 서양 교육적 전통의 정신은 놀랍게도 동양 특히 중국과 조선의 교육적 전통 속에 판박이처럼 그대로 담겨 있다. 마치 평행이론을 증명이라도 하듯 닮아 있지만 그것은 결코 우연적인 것이 아니라 보편적 인간가치를 동시에 추구하는 데 따른 필연적인 귀결이라고 보아야 한다. 유학과 성리학을 바탕으로 한 중국과 조선의 교육이 인문적 교양을 고루 갖춘 군자나 선비라는 인간상을 추구한 것은 당연한 일이었다.

이제 이렇게 동과 서를 관통하는 위대한 교육적 전통 속에서 찾아지는 교육의 원형에 비추어 오늘 우리 교육의 모습을 보며, 자괴감이나 절망감을 가지는 이가 있다면 그나마 다행이다. 아마도 교육의 본질이니 원형이니 하는 게 한낱 동화나 우화 속의 얘기로 들리는 사람이 대부분일지 모른다. 하기야 옛것은 다 낡은 것이니 버려져야 하고, 언제나 새로운 것에 탐닉하는 신기주의(新奇主義) 풍조에서는 전통의 단절이 오히려 미덕일 것이다. 또한 많은 사람들을 즐겁게 하는 것이 유일한 가치기준이라고 여기는 공리주의자들에게 교육과 같은 인간의 보편적 가치란 허망할 수밖에 없다.

이제 교육은 대중의 필요, 즉 개인적 영달과 물질적 풍요와 같은 욕구충족의 수단으로서 복종하게 되었고, 오직 그 한 가지 의미로서만 존재가치를 인정받게 되었다. '삶의 공부'(learn a living)라는 내재적 논리를 팽개치고 '밥벌이'(earn a living)를 보장하는 방편으로 행세하고 있다. 공부가 행복을 보장하는 필요충분조건이라는 믿음이 허망한 환상에 불과하다는 것은 상식에 속한다. 등산이 건강을 보장하는 조건이 아닌 것과 같다. 그럼에도 우리는 지금 그런 의미의 교육, 알고 보면 '교육'이라는 이름의 환영(幻影; illusion)을 열심히 좇고 있는 게 아닌가.

이러한 우리의 현실은 마치 중세 교육적 암흑기를 연

상케 한다. 아마 중세보다 사태가 더 심각하다고 보아야 할지 모른다. 중세의 경우가 교육의 일시적인 실종이었다면, 지금은 교육의 환영이 교육으로 둔갑하고 있는 판이라 원상회복의 가능성이 원천적으로 막혀 있는 실정이다. 게다가 중세가 교육을 신성함에 대한 신앙과 맞바꿨다면, 지금은 물질이라는 원초적 욕망과 맞바꿨다는 점에서도 훨씬 더 비극적인 셈이다. 벌써 그 재앙이 시야에 들어오고 있다.

교육의 본질 회복, 원형 복원은 이대로 포기하고 말 것인가. 그러나 그렇게 쉽게 교육의 길을 포기한다면 그야말로 위대한 인간 문명에 대한 배신이 아닐 수 없다. 필경 그 길은 멀고도 험난하겠으나 실낱같은 희망의 끈이라도 놓치지 말아야 할 것이다. 그리고 그 첫걸음은 다름 아닌 교육의 본질적인 의미와 가치에 대한 재인식이다. 그리고 아직 그 본래적 모습의 조그만 불씨들이 살아남아 있다는 사실이 그나마 우리에게 위안이 되고 있다.

미국의 애들러(Adler) 등이 제안한 '파이데이아 계획안'(Paideia Proposal, 1982)이야말로 바로 교육의 원형을 재현해 보려는 당찬 목표에서 그려 낸 자세한 설계도면이다. 또한 최근 우리에게도 소개된 쇼리스(Shorris)의 '클레멘트 코스'(Cremente course)만 해도 비록 작지만 큰 위안을 주고 있다. '인문학 공부가 가난한 사람을 부자로 만들 수 있다'는 그의 소박한 신념은 인문학이 나날이 황폐해져 가는 요즘, 희망의 메시지가 아닐 수 없다. 이러한 크고 작은 소망들이 모아져서, 혹 '제2의 르네상스'와 같은 기적이 이루어질지 누가 알겠는가? 그러나 문제는 시간이 많지 않다는 것이다. 교육은 오직 교육만이 살릴 수 있음에도 우리 교육의 맥이 점점 약해져 가고 있고, 어둠은 점점 눈앞에 다가오고 있는 현실이 안타까울 뿐이다.

공부와 시험공부

 사람은 운명적으로 공부하는 존재다. 동물 가운데 가장 선천적 결핍 상태로 태어나기 때문이다. 그래서 태어나자마자 먹기와 걷기, 말하기를 시작으로, 가족과 친구 등 다양한 인간관계를 공부하며 자라게 된다. 그리고 학교를 통해서 여러 가지 세상의 복잡한 이치들을 좀 더 체계적으로 공부한 뒤에야 비로소 정상적인 사람, 즉 성인으로 인정받게 되는 것이다. 그러나 어찌 학교 공부가 공부의 전부이겠는가. 세상의 이치라는 게 끝도 한도 없으니 공부도 끝이 있을 리 없다. 이래서 사람은 태 안에서부터 무덤까지 평생 공부라는 업을 가지고 태어나 '학생부군'이라는 이름으로 생을 마무리하게 된다.
 '공부'(工夫)의 한자표기에 관해 논란이 있기는 하지만, 功扶의 약자일 것으로 추정되며, 당나라 시대 문헌에 배우고 익히는 일이라는 뜻으로 쓰인 것으로 보아, 지금 우리말의 의미와 크게 다르지 않다는 것을 알 수 있다. 무술의 수련인 '쿵후'(功夫)와 음과 뜻이 통하는 것도 의외는 아니다.

모든 공부는 질문으로부터 시작된다. 물음이 없이 답이 있을 리 없다. 그 질문을 좀 더 전문적이고 체계적으로 제기하고 답을 찾는 일을 '학문'이라고 부른다. 그러나 전문적인 질문이라고 반드시 고답하거나 유별난 것일 필요는 없다. '절실히 묻되, 가까운 데서 찾으라'(切問而近思, 『論語』)라는 가르침처럼, 우리 주변의 모든 문제가 질문거리이고, 그 여러 가지 근사한 질문들이 모여 수학, 과학 등, 우리가 알고 있는 여러 학문들을 탄생시켰던 것이다. 뉴턴이 사과 떨어지는 걸 보고, 만유인력의 법칙을 발견했다고 흔히 알려져 있지만. 상식적으로 사과가 그런 법칙을 보여 줄 리는 없다. 사실은 친척 집 과수원에서 쉬던 중 곁에 떨어지는 사과에 놀라, '저건 안 떨어지는데, 이건 왜 떨어질까?'(아마 당시 낮에 뜬 반달이 함께 보였을 것으로 짐작된다)라는 단순한 질문을 해명하기 위한 탐구의 결과로 위대한 이론이 창안될 수 있었던 것이다.

'호모사피엔스'를 '질문하는 인간'이라고 해석해도 무방할 것이다. 요약하여 정리하자면, '나는 질문한다. 고로 나는 공부한다.' '나는 공부한다. 고로 나는 인간이다.' 인간이 질문을 통해 공부하는 존재라는 증거는 말 배우기 시작하는 어린아이들을 통해 쉽게 확인할 수 있다. 누가 시키지 않아도 '이게 뭐야, 저건 뭐야. 그게 무슨 말이야' 등 끊임없는 질문공세로 어른들을 괴롭히는 게 그들에게는 너무나 자연스러운 일이 아닌가. 인간에게 선천적으로 부여된 지적 호기심의 발로라고 볼 수밖에 없다. 그래서 어느 철학자는 철학하는 일을 어린아이의 심정으로 돌아가는 것으로 규정하기도 했다. 이렇게 질문과 공부는 스스로의 자발심에서 비롯되는 것이 분명하다. 이런 자발적인 공부는 인간의 천부적 권리이면서 동시에 축복이라고 보아 마땅할 것이다.

'왜 사냐건 웃지요'라는 시구가 있다. 어느 등산가에게 왜 등산하느냐고 물으니 '산이 있으니까'라고 답했다고 한다. 모두 지혜로운 대응이 아닐 수 없다. 이들은 질문에 대답한 것이 아니라 질문자의 무지를 조롱으로 응대한 셈이다. 세상에는 그 의미 속에 이미 가치를 내재하고 있어서, 왜 가치가 있는지 물을 필요가 없는 것들이 있는데, 거기에 그런 질문하는 사람은 필경 그 의미를 모르는 사람이라고 볼 수밖에 없다. 만일 누군가 '너 그 사람 왜 사랑하니?'라고 묻는다면 어떻게 대응해야 할까. 거기에 '○○ 때문에'라고 진지하게 대답하는 순간 스스로 사랑이 아니라 음모라는 걸 고백하는 꼴이 될 것이다. 이렇게 그 의미 속에 내재적 가치를 가지는 것들이 많이 있다. '착함', '인격', '교양' 등등, 그 속에 물론 '공부'도 들어간다. 이제 누가 '왜 공부하냐?'라고 묻거든 그냥 웃거나, '공부할 게 있으니까'라고 응답하면 그만이다.

　이렇게 공부가 인간의 권리이자 축복이며 그 자체로 내재적 가치를 가진다는 원론적인 해석에 과연 얼마나 많은 사람이 공감해 줄지는 의문이다. 원론적으로는 이해하면서도 현실과 너무 동떨어진 얘기라 수긍하기 망설여지는 사람이 많을 것이다. 그도 그럴 것이 공부는 언제인가부터 축복이기는커녕 억압의 굴레라는 인식이 상식처럼 굳어져 온 것이 사실이다. 아닌 게 아니라 아이들이 제일 듣기 싫은 말 1위가 '공부 좀 해라'라는 어른들의 잔소리라지 않는가. 그 공부가 무슨 뜻인지는 애들, 어른, 너 나 할 것 없이 다 잘 안다. 그래서 '그 집 애 공부 잘해?'라는 물음에 부모들은 서슴없이 답하곤 한다. 학교에 가 보지도 않은 부모들이 자기 애들 공부 잘하는지 아닌지 어떻게 알았을까. 바로 그 공부가 학교에서 보내 주는 통지표에 숫자로 적힌 공부이기 때문이다. 즉 여기서 공부는 그냥 공부가 아니라, '시험공부'를 말한다는 뜻이다. '시험공부'가 '공부'로 둔갑하여 사람들을 속이고 있는 형국이다. 그런데 알고 보면 시험이라는 제도를 만든 것도 사람이라는 점에서. 결국 자기가 자기 놀음에 속고 있는 셈이다.

시험이 무엇인지 모르는 사람은 없다. 교육평가 이론이 내세우는 성취도 평가를 통한 수업의 질 관리, 학습 동기 부여 등, 그럴싸한 명분에도 불구하고, 적어도 학교 다녀 본 사람이라면 학교를 곧 시험이라는 고역의 장으로 기억하는 사람이 많을 것이다. 실지로 학기말고사, 중간고사, 월말고사, 그것도 모자라 심지어 주말고사, 매일고사라는 말까지 나온 적이 있다. 한마디로 시험을 위한 학교 공부였던 것이다. 그리고 그걸 부추기는 데 우리 교육학도 한몫 단단히 했다. 심지어는 한때 '완전학습'이니 '프로그램학습'이라는 미명하에 시험을 위한 학습모형이 혁신적인 공부법인 양 주창되기도 했다. 교육목적과 내용을 시험에 종속시켜 성적을 올리려는 꼼수였던 셈이다.

알고 보면 시험이란 본래 오로지 인간의 서열화, 그리고 그를 통한 선발이라는 사회적 필요의 산물이었고 거기에 학교교육이 수단으로 동원되었던 것이다. 학교가 정작 해야 할 공부보다 시험공부에 매몰될 수밖에 없었던 까닭이다. 언젠가 뜻있는 초등학교 교장들이 '시험 없는 학교'를 시도했으나 학부모들의 거센 반발에 포기할 수밖에 없었다고 한다. 그 학부모들의 '시험 안 보면 우리 애들 공부 안 한다'라는 반론에 대응하기 어려웠을 것이다. 그 학부모들뿐 아니라 시험공부 아닌 공부를 해 본 적이 없는 대부분의 사람들이 시험공부 아닌 공부의 세계를 알 리 없으니, 자기가 겪은 고역을 아이들에게 대물림하고 있는 셈이다.

시험공부는 자기 질문, 즉 자발심에서 비롯된 것이 아니며, 따라서 내재적 가치가 아니라 외재적 가치, 즉 성적을 위한 수단적 가치에 목적이 있다는 점에서, 앞에서 말한 공부의 본질적인 의미와는 정면으로 배치된다. 이 점에서 시험공부는 공부도 아니면서 공부라는 허울을 쓰고 진정한 공부를 원천적으로 가로막는다는 점에서 공부의 적으로 규정하는 게 옳지 않을까 싶다. 게다가 시험이 끝나고 나면 잊히고 마는 무익한 수고일 뿐이기도 하다. 그것은 인생의 골목길에 성적이라는 쓰레기만 남기고 사라지는 바람처럼 허망한 것이다.

공부로 말하자면 조선시대 최고로 꼽히는 연암 박지원은 가족들의 성화에 억지로 나간 과거시험에서 낙서 답안지로 과거시험제도 자체를 조롱으로 응수했다. 그 대신 그는 글공부는 물론이고 더 넓은 세상 공부에 열중한 결과로 오늘 우리에게 존경받는 학자로 기억되고 있다. 얼마 전 이름도 생소한 필즈상의 수상자가 허준이라는 한국인 수학자라는 뉴스가 나라를 들썩이게 한 적이 있다. 가만히 그의 이력을 살피다 보니 놀라운 사실을 확인할 수 있었다. 그가 수학의 노벨상이라는 이 상을 받게 된 배경에 실력 외에 몇 가지 행운의 도움도 있었다는 사실이다. 그 첫 번째 행운은 그가 시험공부로부터 비교적 자유로울 수 있었다는 것이다. 그는 대학입시 준비기구로 전락한 고등학교를 일찍 자퇴함으로써 비교적 시험공부 스트레스로부터 벗어날 수 있었다. 입시준비야 피할 수 없었겠지만, 문학 지망생으로 방황한 시간이 결코 헛되지 않았을 것이다.

  대학 생활에서도 대학신문 등의 활동으로 학점 따기에 소홀할 수 있었던 것도 다행이지 않았나 싶다. 무엇보다 결정적인 행운은 마침 초빙교수로 서울대에 와 있던 히로나카 헤이스케와의 만남이었다는 것은 스스로도 인정한 사실이다. 그가 누구인가. 필즈상의 수상자이자 하버드 대학의 명예교수인 세계적인 수학자로, 이미 우리에게 『학문의 즐거움』이라는 저서를 통해 공부의 내재적 가치의 전도사로 알려진 석학이 아닌가. 허준이 학생은 그를 멘토로 삼아 그간의 방황을 끝내고 수학 공부의 길을 걸을 수 있었고, 멘토의 뒤를 이어 필즈상을 수상할 수 있었던 것이다. 그 상을 시상하는 수학자대회가 제한 연령 40세가 되기 바로 전 해인 2022년에 열렸다는 것도 행운이라면 행운인 셈이다.

  분명한 것은 필즈상이나 노벨상 등 세계적인 수준

의 상은 시험공부 잘하는 것과는 거리가 멀다는 것이다. 거리가 멀 정도가 아니라, 차원을 달리하는 다른 세상의 일이라고 볼 수 있다. 우리는 어떤가? 시험공부는 불철주야 열심히 했는지 모르지만 그런 상 받은 기록은 최근 가까스로 받은 문학상 이전까지 제로였다. 유쾌한 일은 아니지만 한번 이웃 나라 일본의 경우를 보자. 우선 필즈상, 히로나카를 비롯해 3명 수상. 노벨상 자연과학분야(물리학, 화학, 생리 의학), 25명 수상. 우리는 아직 없다. (허준이 교수도 아쉽지만 명목상 국적은 미국이다.) 과연 이런 엄청난 차이가 무엇을 말해 주는지 무거운 마음으로 묻지 않을 수 없다.

　노벨 화학상(2002) 수상자로 일본인 한 사람이 발표되어 세상을 놀라게 한 적이 있다. 다나카 고이치라는 민간 중소기업의 젊은 평사원으로 그의 학력은 지방대학 학부가 전부였다. 다른 수상자들의 화려한 학력과 경력과는 판이하게 이례적인 경우였기 때문이다. 그는 기계 생산업체에서 실험하는 일에 종사하던 중, 어느 날 한 실험에서 실패한 후 그 실패의 원인을 찾는 과정에서 얻은 새로운 발견이 결국 노벨상으로 이어졌다고 한다. 그는 자기 일상적인 작업 과정의 행복한 모습과 노벨상을 안겨 준 실패와 성공의 과정을 『생애 최고의 실패』(번역본, 『일의 즐거움』)라는 저서에서 상세히 보고하고 있다. 그는 여기서 일과 공부가 하나로 어우러진 행복한 삶의 모습을 여실히 보여 주고 있다. 우리나라 어느 지방대학의 캠퍼스에 비어 있는 흉상 거치대가 놓여 있다. 거기에 '미래의 노벨상 수상자'라는 명패가 달려 있다. 학생들의 학습의욕을 자극하려는 의도는 알겠지만, 노벨상 타기 위한 공부가 따로 있을 리도 없고, 상 타려고 하는 공부가 즐거울 것 같지도 않다.

현재의 스코어에 만족해서도 안 되겠지만 그렇다고 크게 낙담할 필요도 없을 것이다. 공부라면 우리에게 선비의 나라라는 자랑스러운 전통이 있지 않은가. 그 전통을 어떻게 이어 갈 것인지, 그 정신을 어떻게 되살릴 것인지가 풀어야 할 과제로 남아 있을 뿐이다. 약 4세기 전 정유재란 때 일본에 납치당해 끌려간 조선 선비 수은 강항 선생을 기억할 것이다. 당시 그에게 유학을 배우던 일본의 식자들이 조선에 태어나 제대로 공부해 보지 못한 자기들의 신세를 한탄했다고 한다. 세상은 바뀌었지만 이를 기억하고 있는 이 시대 공부하는 사람들이라면, 가르치는 사람이든 배우는 사람이든 어찌 진정한 의미의 공부를 위해 자성하고 분발하지 않을 수 있겠는가.

우리 교육학의 빛과 그림자

 이미 앞에서 확인한 대로 모든 공부는 질문에서 비롯되는 것이면서 당연히 동시에 질문의 대상이 될 수도 있다. 즉 공부란 무엇인지, 무엇을 공부하며, 어떻게 공부할 것인지 등 질문거리로 자연스럽다. 그리고 그런 질문들을 전문적으로 다루는 학문도 있어야 마땅할 것이다. 공부를 다루는 학문의 이름이 바로 '교육학'이다. 교육은 공부의 다른 이름일 뿐이다. 다만 공부하는 사람의 안과 밖이란 시점에 차이가 있을 뿐이다.

 이 땅에 '교육학'이라는 이름이 제대로 자리 잡은 지는, 기껏해야 반세기 좀 넘을 뿐이다. 돌이켜 보면 그 짧은 세월은 교육학에게 희비와 영욕, 공과가 엇갈리는, 한마디로 굴곡의 역사였다. 처음 한동안 여러 고초와 수모를 견뎌야 했다. 그중에서도 '교육학도 학문이냐', '교육학이 교육 다 망쳤다'라는 등, 주변 학문의 야유와 냉소, 그리고 세간의 무관심이 가장 뼈아팠을 것이다. 무엇보다 기존 학계가 불문율처럼 여겼던 학문의 요건이 문제였다. 우선 분명하고 객관적인 연구 대상과 독특한 연구 방법, 게다가 연구의 전통과 역사까지 필요하다는 엄격하고 보수적인 기존 학계의 풍토가, 신출내기 교육학의 자격지심을 자극하기에 충분했다.

  이런 열악한 여건에서 당시 교육학 선발 주자들은, 교육학이 독립 학문으로 인정받기 위해 연구 방법론을 모색하고, 동시에 교육의 실용적 가치를 부각시켜야 한다는 무거운 책임감에 시달렸을 것이 틀림없다. 어쨌든 그들의 노력에 힘입어 점차 교육학이 학문적 기반을 다지게 되었고, 여러 사회적 요구에 부응함으로써 교육과 교육학에 대한 학계와 세간의 인식에 변화를 가져오게 되었으니, 그 공적은 높이 평가받아 마땅할 것이다. 그리고 그 대가로 한동안 교육학이 분에 넘치는 영화를 누릴 수 있었던 것도 사실이다. 그러나 이러한 외형적인 성과에도 불구하고, 그동안 우리 교육학이 우리 교육에 남긴 공과에 관한 종합적인 평가는 좀 더 치밀하고 냉철한 검토가 필요할 것이다. 이는 이제 우리 교육학도 스스로를 성찰할 수 있고, 그래야 할 만큼 성숙했다는 뜻이기도 하다.

무릇 학문이란 세상의 이치를 탐구하고 이해하려는 노력이다. 흔히 '이론(학문)과 실제는 다르다'라고 말하지만, 처음부터 다를 수밖에 없고, 달라야 하는 게 마땅하다. '미네르바의 올빼미는 해가 진 뒤에 날개를 편다'(Hegel)라고 하지 않았던가. 실제가 구체적이고 특수한 현실을 지향하는 반면, 이론은 보편적이고 일반적인 이상을 지향한다. 자연과학은 실재하는 자연현상의 원인을 밝혀, 설명하는 게 일차적 관심이다. 이를 흔히 설명과학이라 부른다. 그런데 이에 그치지 않고, 그를 응용해 뭔가를 만들어 내려는 실용적인 관심에서 '공학'이라는 분야가 파생하게 된다. '설명과학'(기초과학)인 '화학'에서 '화학공학'(응용과학)이 나오게 된다.

우리 초창기 교육학의 경우, 앞에서 말한 곤경에서 벗어나기 위해서 과학적이면서 실용적인 일석이조의 효과가 보장된 '공학적 모형', 정확히는 '행동공학적 모형'이 최선의 선택이었을 것이다. 그리고 그 결과 교육현장에 실용적인 행동공학적 연구들이 엄청난 성과를 거두게 되었고, 나름 성취감에 도취되었을지 모른다.

그리고 그 바람에 그 화려한 성과의 그늘에 필연적이고 치명적인 한계와 함정이 가려져 있다는 사실을 놓치기 쉬웠을 것이다.

'행동공학'의 기초로서의 설명과학, 즉 '행동과학'은 무엇인가. 그런데 뜻밖에도 그 이름이 낯설지 않다. 바로 현대 심리학의 다른 이름이다. 일반 심리학이 아니라, '행동주의' 심리학의 이름이다. 곧 행동공학으로서의 교육학이 실은 행동주의 심리학의 응용과학이라는 논리적 추론이 성립한다. 행동주의 심리학이 실증주의 과학철학의 교의에 따라 인간의 마음을 부정하는 급진적 이론이라는 것은 이미 잘 알려진 사실이다. 마음을 부정하는 이론의 연장선에 교육학이 있다는 것은 아무래도 상식과는 거리가 멀다. 그 원인은 비교적 분명하다. 과학이라는 방법론적 강박증에 빠진 나머지, 마음이든, 교육이든 모두를 거기에 종속시켜야 했던 것이다. 침대의 길이에 사람 키를 맞추었다는 '프로크루스테스의 침대'라는 신화를 연상시킨다.

교육과 교육학의 실용적 가치에 대한 지나친 집착에 함정이 있다는 사실도 놓치기 쉽다. 먼저 교육목적과 가치문제에 관련된 논쟁들, 예컨대 내재적 목적과 외재적 목적, 본질적 가치와 수단적 가치에 관하여 자주 오해와 혼란이 있어, 그 문제부터 분명히 정리하고 넘어갈 필요가 있다. 이 논쟁은, 있고 없음(有無), 맞고 틀림(正誤) 등을 가르는 문제가 아니라는 것이다. 이 세상의 무엇이든 모두 이중적 가치를 모두 가지고 있다. 다만 입장과 처지에 따라, 본말(本末), 주객(主客), 선후(先後)의 문제가 있을 뿐이다. 즉, 내재적(본질적) 목적은 인간의 의지 이전에 그 의미 안에 필연적으로 가지고 있는 가치를 뜻한다면, 외재적(수단적) 목적이란, 뒤에 그것을 이용하는 사람들이 필요에 따라 임의로 부여하는 실용적 가치를 말한다.

세상만사가 이렇게 본질적 가치와 수단적 가치를 함께 가진다는 건 당연한 이치이다. 문제는 수단적 가치야 스스로 부여한 가치이므로 그게 무엇인지 잘 알고 있는 데 반해, 본질적 가치는 그 본질이 무엇인지 모르는 한 알 길이 없다는 데 있다. 그러니 누구나 당장 자기에게 필요한 실용적 가치가 그것의 유일한 가치로 착각하게 마련이다. 미술상에게 미술 작품은 상업적 수단일 수 있으나, 작가에게 자기 작품이 수단일 수는 없다. 이렇게 이 세상 모든 가치에서 수단이 본질처럼 뒤바뀐 본말전도의 비정상적 양상이 바로 지금 우리가 살아가고 있는 세상의 모습이 아닌가. 그리고 그런 세상을 주도적으로 보여 주고 있는 게 바로 우리 교육의 현실이다. 그리고 지금까지 가치중립을 표방한 공학적 모형의 교육이론이, 그것도 교육학이라는 이름으로 이런 재앙을 앞장서 조장한 혐의가 짙다. 교육에 대한 지나친 열정이 결과적으로 교육의 본질에 대한 치명적인 배신이었던 셈이다.

이제 잠시라도 모두를 내려놓고 건전한 상식으로 돌아와, 공부란 무엇이고 어떻게 할 것인지, 느긋하게 성찰해 보는 여유를 누릴 수 있게 되었다. 다행이도 이제 굳이 과학을 의식할 필요가 없어졌기 때문이다. 아니 처음부터 실증주의 경험과학이라는 게 허상이었을 수도 있다. 20세기 전반에 이미 과학의 종가라 할 수 있는 물리학, 특히 양자역학이 새로운 패러다임의 혁명적 전환을 준비하고 있었고, 이어서 본격적으로 물리학이 철학(Heisenberg, 『Physics and Philosophy』)은 물론이고, 동양사상의 '도'(道, Capra, 『Tao of Physics』; '현대 물리학과 동양사상')와 상통하고, 심지어 신학(Davies, 『God and the New Physics』)과도 통섭, 융합하는 등, 이제 자연과학, 사회과학, 인문학이라는 도식적 구분이 의미를 잃게 된 지 오래다. '사회물리학'도 있다지 않은가.

  교육학 공부, 즉 교육에 관한 공부는 원래 과학 이전 시대, 고대 동서 성현들의 단골 주제였다. 노자, 석가, 공자, 소크라테스(플라톤) 등이 남긴 고전들이야말로 그 자체로 교육학의 텍스트라 할 만하다. 그 안에 시대를 초월하는 사람답게 사는 이치와 그 공부에 관한 근본적인 질문과 지혜로운 대답들이 담겨 있고, 그래서 고전이라 불린다. 문제는 그걸 어떻게 공부할 것인가이다. 가장 전통적인 암송, 즉, '많이 읽으면 뜻이 통한다'(讀書百遍 義自見)라는 고지식한 방식도 있지만, 아무래도 효율성 측면에서 지금 권장하기는 어려울 듯하다. '과학 공부는 과학자가 했던 생각과 같은 생각을 해 보는 것'(J. Bruner)이라는 명쾌한 지적이 여기에도 그대로 적용되어 마땅할 것이다.

  교육과 교육학, 즉 교육의 실제와 이론 간의 관계는

단순하지 않다. 서로가 서로를 필요로 하는 애정관계이기는 하지만 거기에는 언제나 적당한 거리와 긴장관계가 필요하다. 이론의 고답성을 고집한 나머지 현실과의 거리가 너무 멀어지게 될 때, 흔히 염려하는 단절된 거리, 즉 괴리가 있을 수 있다. 그러나 이를 의식한 나머지 이론이 지나치게 현실의 실용적 요구에 가까이 다가설 때, 거기에는 경박성이라는 또 다른 함정이 있을 수 있다. 이론은 현실을 외면한 관념적 유희에 빠져서도 안 되지만, 일회적, 대증적(對症的) 처방전일 수도 없다. 관념적 무기력과 실용적 경박성은 이론이 경계해야 할 두 가지 함정이다. 우리 교육학의 근본적인 잘못은 바로 이론과 현실, 그 스펙트럼 위의 적절한 자기 위치에 대한 진지한 고뇌의 부족에서 찾아야 할 것이다.

이제 우리 교육학 공부하는 사람들이 우리 교육을 위해 할 일은 무엇인가? 무엇보다 중요한 것은 교육의 본질과 우리 교육의 현실에 관한 의식의 공감대를 확보하는 일일 것이다. 그 어떤 문제이든 문제 해결의 관건은 문제에 대한 정확한 인식에 달려 있기 때문이다. 여기에 우리가 이제 막 교육학 공부를 새로 시작하는 자세로 돌아가, '교육학 공부'란 무엇이며 어떻게 할 것인지를 새롭게 물어야 하는 까닭이 있다. 여기서 '교육학 공부'를 '인간과 그 삶의 의미에 대한 탐구'라고 규정하고자 한다. 여기에는 '교육'을 '삶의 격(格)을 고양시키는 일'로 규정하자는 원론적인 제안도 함의되어 있다. 그리고 여기서 '삶'의 가치가 선험적으로 정당화되듯이 교육의 가치 역시 그 안에 붙박이게 되며, 교육학의 가치 또한 마찬가지가 된다. 적어도 이러한 인식의 틀 안에서는 교육의 수단적 가치나 교육학의 수단적 가치는 설 땅이 없어지게 된다.

이러한 의미의 교육학 공부는 굳이 선인들의 지혜를 빌어 말하자면, '남을 위한 공부'(爲人之學)가 아니라 '나를 위한 공부'(爲己之學, 『논어』)이며, 밖을 향한 공부가 아니라 안을 향한 공부이며, 겉을 꾸미는 공부가 아니라 속을 채우는 공부인 셈이다. '인간과 그 삶의 의미에 대한 탐구'야말로 교육에 헌신해야 할 사람이라면 누구나 평생을 잡고 늘어져야 마땅한 과제가 아닌가. 그것은 '남을 다루기'(治人) 전에 '자신을 닦는'(修己) 공부이면서, 겉의 화려함 대신 안의 실속을 채우는(拒華就實) 공부가 될 것임에 틀림없다. 바로 이러한 기준에 비추어 보면 오늘의 우리 교육학이 겉은 화려하되 속은 텅 빈(外華內貧) 허망한 것들이 아니었는지 돌아보게 된다.

교육에 관한 공부를 굳이 '학'(學)이라 한다면 '사람(삶)의 학'(人間學), 또는 '마음의 학'(心學)이 되어야 할 것이다. '과학'이라는 명분 때문에 내다 버린 '마음'을 되찾아 그 의미와 권능을 복원해야 한다. 이제 교육학은 '마음의 본질'에 관한 공부(心性學), 혹은 '마음을 다스리는' 공부(心齋學)가 제격일 것이다. '도를 닦음이 교육'(修道之謂敎, 『中庸』)이라 했으니 '수도학'(修道學)이랄 수도 있겠다. 모든 공부가 그렇지만, 특히 이러한 의미의 교육학 공부가 단시간에 쉽게 이루기는 어려울 것이다. 교육의 이론과 실천 모두에서 오랜 절차와 과정이 필요하다는 사실이 분명한데도, 실지로는 일과성 시류를 쫓거나, 눈앞의 가시적 성과에 매달려 온 것이 우리 교육계의 고질적인 병폐였으며, 그것이 지금의 교육 붕괴 현상과도 무관하지 않다. 나는 이러한 고질적인 병폐의 원인이 바로 우리 사회, 우리 교육계에 널리 편재되어 있는 조급성에 있다고 본다.

카프카(A. Kafka)의 말대로 우리는 조급성 때문에 낙원에서 쫓겨났으며, 조급성 때문에 아직 낙원으로 못 돌아가고 있는지 모른다. 여기서 냉철하고도 느긋하고 차분한 교육이야말로 낙원으로 돌아갈 수 있는 유일한 길이라는 결론이 분명해진다.

소크라테스의 수업거부

지난 세기 말 8, 90년대, 우리나라 대학가에 '수업거부'라는 말이 일상적인 상투어로 쓰인 적이 있다. 이런저런 사유로 학생들의 불만과 비판의식을 집단적으로 표출하기 위해 등교나 출석을 하지 않는 게 관례적인 퍼포먼스처럼 인식되었고, 이를 학생들과 언론 등 사회가 '수업거부'라는 이름의 일반명사로 통칭하게 된 것이다. 그 누구도 '수업'의 의미가 무엇인지 따져 보려 하지 않았다.

교육적 용어로서의 '수업'(授業)은 가르치는 일을 뜻하며, 따라서 수업은 당연히 가르치는 사람, 즉 선생의 일이라는 뜻이다. 따라서 수업을 할지 말지 결정할 권한도 선생의 몫이 아닐 수 없다. 혹시 '수업거부'의 수업이 '수업'(修業), 즉 공부한다는 뜻이라면 '거부'가 아니라 '포기'라고 보아야 한다. '공부'란 남을 위한 의무가 아니라 자신을 위한 권리이기 때문이다.

과연 우리에게 '공부하지 않을 자유'가 있을까? 자신의 이익을 포기할 자유도 하나의 권리임에 틀림없지만, 그것이 인간의 권리 자체를 위협하는 경우는 예외일 수밖에 없다. 인간에게 '인간이기를 포기하는 자유'까지 허용될 수는 없지 않은가. '공부의 포기'는 곧 '인간다운 삶의 포기'이며, 이는 자유로운 선택의 문제일 수 없다는 뜻이기도 하다.

　인류 역사상 정말 수업을 거부할 정도로 용감한 선생이 있었을지 의문스럽겠지만 놀랍게도 있었다. 바로 세상 사람들 누구나 다 알 만한 인물 소크라테스이다. 소크라테스를 과연 어떤 사람으로 알고 있는지, 대학 강의 중에 수강생들에게 질문해 본 적이 있다. 물론 소크라테스를 모르는 사람이 없었을 뿐 아니라, 너도 나도 잘 아는 친숙한 사람처럼 기억하고 있었다. 그동안 그에 관해 이래저래 들은 얘기가 많았다는 뜻이다. 그리고 그를 잘 알고 있다는 사람들의 대답은 대체로 비슷했다. 4대 성인의 한 사람, '너 자신을 알라'라고 말한 사람, '악법도 법'이라고 독배를 마시고 억울하게 죽은 사람, 악처를 둔 사람, 못생긴 사람이라는 등의 흔한 대답에, 어쩌다 '문답법', '산파술'을 주장한 사람이라는 대답이 보태졌을 뿐이다. 그러나 이렇게 그에 대해 상식처럼 알려진 것들의 대부분은 사실과 다르거나 근거가 부족한 것들이며, 우리가 그를 위인으로 기억하고 존경해야 할 이유가 될 수도 없는 것들이다.

우선 '너 자신을 알라'라는 말은 그의 말이 아니라 신탁의 말을 자주 인용했을 뿐이고, 아내인 크산티페가 악처라는 것은 오직 소크라테스의 농담조 험담에서 나온 오해에서 비롯된 것이다. '악법도 법'이라고 말한 근거도 분명치 않다. 더구나 억울하게 죽음을 당했다는 해석에도 의문의 여지가 있다. 그의 용모는 그와 사이가 좋지 않은 극작가의 대본 속의 표현일 뿐이다. 그렇다면 과연 우리가 그를 기억해야 할 이유는 무엇인가.

그가 누명을 쓰고도 악법도 법이라는 신념에서 억울하게 죽었다는 세간에 알려진 스토리는 사실이 아닐 뿐 아니라 어쩌면 그의 생애를 폄훼하는 일일 수도 있다. 그는 아테네 시민들을 무지의 잠으로부터 지켜 주는 '등에' 같은 교사로 평생을 바쳤으나, 결과는 '영혼은 돌보지 않고 향락만을 쫓는' 시민들의 배신이었다. 여기서 소크라테스의 선택이 바로 '가르침의 거부'라는 거대한 프로젝트였으며, 그것을 '죽음'이라는 극적인 드라마로 연출했다는 여러 정황증거가 분명히 드러나 있다. 그는 자신의 죽음으로써 아테네 시민들의 타락을 응징하고자 했던 것이다. 그 시나리오를 제자인 플라톤이 대화편 『변명』(apology)에서 생생하게 기록하고 있다.

소크라테스의 죽음에 관해 이런저런 논란이 있기는 하지만, 적어도 여러 기록에 따르면 그것이 스스로의 기획에 의한 것이라는 정황이 확연히 드러난다. 무선 추첨 방식으로 참여한 501명의 배심원단에 의한 재판에서 1차 유무죄를 정하는 표결에서 60표 가량의 근소한 차이로 유죄 결정이 난 뒤, 형량을 정하는 2차 표결에서는 그보다 3배가 넘는 큰 표차로 사형이 확정된다. 1차에서 무죄였던 표가 사형으로 바뀐 셈인데, 이 황당한 결과는 과연 무엇을 말해 주는가. 1, 2차 표결 사이에 무슨 일인가 벌어졌다는 뜻인데, 과연 무슨 일이 있었던 것일까.

1차 표결 후 소크라테스 스스로 놀란 듯이 '죄가 크다더니, 잘하면 무죄가 될 뻔했구먼' 조롱 조로 말하며

2차 변론을 시작하는데, 1차 변론 때와는 달리 훨씬 격앙된 자세로, 배심원들을 비난하고 호통치는 등, 작심하고 그들을 공격적으로 자극한다. 실은 대부분의 배심들은 생산자층의 평범한 시민들로, 소크라테스가 누군지도 잘 모르고 관심도 없는 사람들이었고, 소일거리 삼아 배심원에 응모했다가 운 좋게 추첨되었을 뿐인데, 피고라는 사람한테서 적반하장으로 죄인처럼 추구당하는 처지가 되었으니 어찌 심기가 편할 리 있겠는가. 그러리라는 것을 웅변술의 달인이자, 화용의 귀재인 소크라테스가 몰랐을 리 없다. 오히려 그게 바로 그의 노림수였고 어김없이 성공했던 것이 아닌가. 그런 그의 의도는 그의 마지막 최후진술에서 더 확실해진다.

"아테네 시민들에게 내가 마지막으로 부탁이 있으니 들어주시오. 나에게 어린 자식들이 있는데, 그놈들이 자란 뒤에 돌보아야 할 영혼을 돌보는 대신 쓸데없는 것들이나 탐하거든, 그리고 별것도 아니면서 잘난 체하거든, 나 대신 그놈들을 나무라고 벌해 주시오. 지금 내가 그대들을 벌하듯이. 그게 그대들이 그나마 나를 제대로 대접해 주는 일이 될 것이오.
 이제 우리 헤어져야 할 시간, 나는 죽으러 가고, 그대들은 살러 가고. 과연 어느 길이 좋은지는 오직 신만이 알 것이오."

 자신의 죽음으로 아테네 시민을 처벌하겠다는 것이다. 이렇게 해서 위대한 교육적 순교가 완결된다. 그는 아테네 시민의 스승이기를 거부함으로써 오히려 세계인의 스승으로 영원히 기억되고 있으며, 그게 바로 죽음과 바꾼 그의 목표였을 것이다. 여기서 잠깐, 그가 말한 벌, 아테네 시민들이 받게 될 벌은 과연 무엇인지 궁금하지 않을 수 없다. 혹 그가 변론에서 말한 대로 등에의 죽음으로 무지의 잠에 빠지게 한 것은 아닌지, 혹 그래서 2천 년 이상 나라 이름 없이 살아야 했던 것은 아닌지 모르겠다. 벌치고는 좀 심하지 않았나 싶기도 하지만, 무지의 잠에 빠졌으니 그게 벌인지조차 몰랐을 수도 있다.

낚시터에서의 단상

'낚시하는 사람은 낚시만이 아니라 철학도 한다.'

마르크스는 그 고단하고 바쁜 와중에도 낚시를 즐길 여유가 있었던 모양이다. 상당한 경지가 아니고는 알기 어려운 깨달음이기 때문이다. 여기서 그가 말한 철학을 명상이나 자기 삶의 성찰의 의미로 본다면 철학하기에 낚시터만 한 조건도 드물 것이다. 그 성찰의 주제야 낚시꾼마다 제각각이겠지만, 거기에 '교육'이라는 주제가 끼지 못할 이유도 없다. '낚시'와 '교육', 별로 상관없는 걸로 보이는, 둘 간의 관계가 서로 통한다는 것을 확인한 사실이야말로 이 낚시터에서의 가장 큰 소득일 듯싶다. 이른바 '평행이론'에 해당할지 모른다.

낚시와 교육, 모두 흔히 실생활과 연관시켜 이해하는 게 상식이다. 낚시로 고기 잡아 식재료로 쓰고 싶거나, 자식 잘 가르쳐 입신양명하기를 바라는 게 인지상정이겠지만, 열심히 하는 일이 언제나 금방 뜻대로 보상되지 않는다는 게 또한 이 세상의 이치이기도 하다. 노자의 '천지불인'(天地不仁)이 그런 뜻일 게다. 낚시의 고수가 될수록 '낚시'(釣)가 '고기잡이'(漁)와 다르다는 것을 알게 되고, 교육의 원로가 될수록 교육이 먹고살기 위한 방편이 아니라는 것을 깨닫게 된다. 낚는다고 다 낚일 일 없고, 공부시킨다고 다 잘 먹고 잘 산다는 보장이 없다는 현실을 경험했기 때문이다. 일류 학교 우등생이 재벌이나 권력자가 되기를 바라는 것은, 영화 〈흐르는 강물처럼〉의 아름다운 낚시 장면을 보며 먹거리를 기대하는 것만큼이나, 현실적이지도 낭만적이지도 않다.

이처럼 낚시와 교육 모두 맹목적이라는 점에서 닮아 있다. 여기서 '맹목적'이란, 따로 다른 실용적 목적의 수단이 아니라 그 자체가 목적(내재적 목적)이라는 뜻이다. 물론 낚시나 교육 모두 부수적인 가치가 있을 수 있다. 낚시가 때로 식재료 장만에 도움이 될 수도 있고, 교육이 취업 등 생계 목적의 방편이 될 개연성은 있겠으나, 기껏해야 등산과 건강의 상관관계에 미치지 못할 정도로 실망적인 수준일 것이다. 여기서 가장 염려되는 것은, 이처럼 부수적인 가치를 본질적 가치로 착각하는 '본말전도' 현상이 점점 일반화, 심화되고 있다는 것이다.

 실은 그게 어제오늘의 얘기가 아니다. 흔히 낚시꾼의 원조이자 모델로 강태공으로 알려진 강상이라는 사람을 꼽지만, 엄밀히 따지자면 역사 속의 강태공은 낚시꾼도 아닐 뿐 아니라, 오히려 낚시의 의미를 왜곡시킨 사람으로 기억되어야 할지 모른다. 그는 '곧은 낚시'라는 낚시의 원리에 벗어나는 수법으로 낚시를 세월을 낚는 정치적 야심의 수단으로 삼았다는 혐의가 짙다. 공자가 '지자요수'(知者樂水)를 말한 것도 이를 염두에 두었던 것이 아닐까 싶다. 낚시든 교육이든 그걸 다른 목적의 수단으로 여기는 관점은 그 본질을 왜곡시킨다는 점에서 비판받아 마땅하다.

 낚시와 교육이 닮은 또 중요한 한 가지는 둘 다 눈에 보이지 않는 세상을 상대한다는 점이다. 낚시는 보이지 않는 물속을, 교육은 보이지 않는 사람의 마음속(또는 머릿속)을 상대한다. 낚시가 물 밖의 인간과 물속의 물고기, 즉 인간과 자연의 대화라면, 교육은 같은 인간인 선생의 마음과 학생의 마음과의 대화라는 점이 다를 뿐이다. 둘 다 눈에 보이지 않는 대상을 상대한다는 데 그 어려움도 같을 수밖에 없다. 모두 고도의 지적 능력을 필요로 한다는 것은 자명하다. 대상에 대한 이론적 이해는 물론이고 그 대상과 소통하는 방법적 지식(know how)도 갖추어야 한다. 여기서 그 관계를 대화라고 본다면, 가장 중요한 지식은 역시 대화의 기술, 즉 대화법이라고 볼 수 있다. 입으로 통할 수 없는 물속과의 대화는 물론이려니와, 입으로 통할 것 같은 교사와 학생 간의 대화 역시, 실지로 주고받는 것은 마음(口傳心授)이라는 점에서 모두 심상한 일이 아니다.

그동안 물고기와의 대화법, 즉 낚시의 기술은 외형상 눈부시게 발전해 온 것이 사실이다. 전통적인 방법에서 현대의 첨단적인 도구의 활용에 이르기까지 엄청난 변화가 있었다. 심지어 일명 '원자탄'이라는 핵무기까지 동원했지만, 낚시꾼의 소망에 미치지 못하는 것은 여전하다. 오히려 새로운 첨단 도구들에의 집착이 그 근본을 훼손하는 건 아닌지 염려스럽기도 하다. 이런 사정은 교육의 경우도 크게 다르지 않다. 고대 교육의 시초부터 학생의 마음에 다가가는 방법을 찾기 위해 끊임없이 고민해 왔으며, 이제는 현대적 최첨단 매체까지 동원하기에 이르렀지만 아직도 세기 전 소크라테스가 창안한 '문답법'을 넘어설 만한 교수법을 찾지 못하고 있는 게 교육계의 현실이다. 한때 참신한 듯 보였던, '발견학습', '탐구학습', '열린교실' 등의 아이디어들이, 알고 보면 소크라테스의 아류이거나 재해석에 지나지 않는다는 게 정설이다. 아마 앞으로도 이런 현실이 바뀌기는 어려울지 모른다. 그것은 바로 이 대화들의 본질, 즉 보이지 않는 대상과의 대화라는 근본적인 한계 때문이다.

낚시와 교육이 공유하는 또 하나의 중요한 양상은 둘 다 인내와 기다림이라는 미덕을 필요로 한다는 점이다. 즉 모두 시간과의 대화라고도 볼 수 있다. 참을성과 기다림이 없는 낚시나 교육은 상상하기 어렵다. 그런데 언젠가부터 참음과 기다림이 미덕이 아니라 멍에나 굴레로 여겨지기 시작했다. 인스턴트 시대의 현대인들, 특히 젊은 세대들에게 기다림은 참기 어려운 형벌일지도 모른다. 그러나 그 누구도 인생이 인스턴트이기를 바랄 리는 없다. 이름난 인스턴트 음식점에 줄을 서 오래 기다리는 장면들이야말로 현대인의 이율배반을 잘 보여 준다.

알고 보면 인생 자체가 기다림, 즉 시간과의 긴 대화인 셈이다. 사람이 태어나 사람 노릇하는 데 십수 년이 걸리고, 농부는 씨 뿌린 뒤 수확하기까지 철을 넘겨 기다려야 한다. 큰 그릇일수록 만들기도 오래 걸리고(大器晚成), 채우기도 오래 걸린다는 게 세상의 이치이다. '빨리 가려다 다다르지 못하고, 작은 이익에 매달리면 큰 일을 이룰 수 없다'(欲速不達 見小利大事不成, 『論語』)라는 성현의 가르침에도 불구하고, 세상에는 참을성 없는 사람들이 당장 눈에 보이는 작은 것에 매달리고 있는 게 현실이다.

당장 눈에 보이는 결과만으로 보이지 않는 전체를 판단하는 잘못은, 논리학에서 말하는 이른 바 '도박꾼의 오류'에 버금가는 '낚시꾼의 오류'라고 이름 붙일 만큼 일반적이다. 즉, 자기 바구니에 잡힌 성과를 가지고 보이지 않는 물속의 상태를 판단하는 오류를 말한다. 어떤 한 낚시꾼이 작은 소류지에 자리 잡고, 수심을 재려 미끼도 없이 대를 던지자마자 듬직한 한 마리가 걸려 나왔을 때 그는 당연히 '여기 물 반, 고기 반이구나'라고 흥분할 수밖에 없었을 것이다. 그러나 그날 그 한 마리가 마지막이었고, 그는 낚싯대를 거두며, '여기 그 한 마리밖에 없었군'이라고 투덜대며 자리를 뜬다. 이게 바로 '낚시꾼의 오류'를 보여 주는 전형적인 장면이다. 우연을 필연으로 해석하는 잘못이다.

문제는 이런 오류가 비단 낚시꾼만의 것이 아니라는 데 있다. 교육이 낚시보다 훨씬 더 많은 시간이 필요하고 그만큼 긴 기다림과 인내가 필요한 것이 당연하다. 그러나 언제부터인가 교육에서 기다림의 미덕은 사라진 지 오래다. 즉시적인 진단과 처방이 최선의 전략으로 권장되고, 인내나 기다림은 나태나 무능으로 비난받기 십상이다.

교육의 결과를 가급적 빨리 눈으로 확인하고 싶고, 그걸 남의 것과 비교하고 싶은 생각이야 인지상정일 것이다. 그리고 그런 기대에 부응하는 유일한 방법은 지필고사, 그것도 객관성을 고려한 선다형 시험일 수밖에 없다. 이제 이런 시험을 위한 공부, 즉 시험공부가 공부의 전부가 되고 말았다. 이는 낚시 바늘이 시험지로 바뀐, 영락없는 '낚시꾼의 오류'에 해당된다. 시험문제라는 낚시에 걸려 나온 정답의 개수가 그대로 그의 실력으로 평가되는 게, 운이 없어 잡힌 물고기 마릿수로 물속의 형편을 속단하는 '낚시꾼의 오류'를 그대로 따르고 있지 않은가. '낚시는 마릿수가 중요한 게 아니지'라고, '시험 점수가 전부는 아니지'라고 생각하면서 동시에 현실은 그와 달리 판단하고 행동하는, 이른바 '인지부조화' 현상의 전형적 사례이다.

낚시가 고기잡이가 아니듯, 교육도 숫자 노름이 될 수는 없다. 교육이 요즘처럼 오롯이 성적이라는 숫자 노름으로 환원된다면, 이는 인류 문명에 치명적인 재앙이 될 것이 틀림없다. 오늘날 현저히 심해지고 있는, 편견과 독선, 불신과 반목, 대립과 폭력, 탐욕과 광기, 가식과 위선, 질시와 증오 등 온갖 비이성적이고 반문명적인 행태와 현상들이 바로 그런 재앙의 불길한 징조임에 틀림없다. 이제 문명의 시대가 가고 야만의 시대를 기다려야 하는 게 아닌가 싶다.

이런저런 생각으로 오늘 낚시 바구니는 비었지만, 오늘 하루를 실패한 낚시로 기억하고 싶지는 않다.

신념은 가르칠 수 있는가

'덕을 가르칠 수 있는가'라는 주제가 논란이 된 적이 있다. 서기전 수백 년 소크라테스와 소피스트인 프로타고라스의 대화였다. 여기서 소크라테스는 '덕은 지식이며, 지식은 가르칠 수 없다'라는 논리로 상대를 제압하고 있는데, 여기에는 널리 알려진 그의 '지식 잉태설'과 '산파술'이라는 교육론이 깔려 있다. 즉 지식은 이미 선천적으로 잉태해 가지고 있는 것을 밖으로 출산시킨 것에 불과하다는 이론이다. 그런데 여기서 몇 가지 의문이 있을 수 있다. 과연 지식이 인간이 추구해야 하는 가치인 '덕'의 전부인지, 혹시 그 외의 덕이 있더라도 같은 논리가 적용될 수 있는지 하는 의문들이다.

당시 '덕'(arete)의 정확한 의미야 알기 어렵지만, 오늘날의 '덕'의 의미와 비슷하게 인간이 추구해야 할 가치들의 총체, 지식뿐만 아니라 신념, 정서 등을 포함하는 종합적인 개념으로 이해하는 것이 온당할 것이다. 그렇다면 과연 신념이나 정서도 선천적으로 잉태한 것이어서 가르칠 수 없는 것인가라는 의문이 자연스럽게 뒤따르게 된다. 우선 지식과 신념의 관계에서부터 따져 보기로 하자. 지식과 더불어 신념이 한 사람의 인격과 삶의 결정적 요인이라는 데 의문의 여지는 없다. '아는 게 힘이다'라는 말이 있지만, 실천적인 의미에서 '앎'보다 '믿음'이 더 큰 힘인 것은 틀림없다. 신념 있는 사람들 덕분에 이 세상이 달라져 온 것도 사실이다. 신념은 눈에 뻔히 보이는 것도 없는 것으로, 없는 것도 눈에 보이게 만드는 마법 같은 힘이 있다. 그래서 교육현장에서도 투철한 신념의 표상인 위인들을 마치 교육적 인간상으로 여기는 등, 이런저런 맥락에서 신념이 덕목으로 강조되어 왔다. 이는 우리 교육계가 이미 신념은 가르칠 수 있고, 가르쳐야 한다는 결론을 암암리에 인정해 왔다는 뜻이기도 하다.

교육의 일차적인 과제가 지식에 있다는 데 이론의 여지는 없지만, 교육을 삶의 총체적 양상에 관여하는 것으로 본다면 지식 외적 문제라고 해서 오불관언할 수는 없다. 더구나 신념은 자유의지에 따른 인간의 고유

한 권능이며, 개인의 인격과 삶의 질뿐 아니라 사회적 품격의 중요한 결정요인이라는 점에서, 그에 대한 교육적 방관이나 무관심은, 교육의 중대한 직무유기로 오해 받을 수도 있겠다. 그렇다면 과연 신념에 관해 교육이 해야 하고 할 수 있는 일은 무엇인가. 그를 위해서는 우선 신념의 의미와 본질에 대한 분석을 통해 신념에 얽힌 불편한 진실을 이해할 필요가 있다.

신념의 의미에서 가장 큰 문제는 신념을 '있고, 없음'(有無)의 문제로 오해하기 쉽다는 것이다. 세상에 아무 신념도 없는 사람이 있을 리 없다. 흔히 '무엇을 믿는다'거나 '누구를 믿는다'라고 말하지만 이는 엄격히는 완전한 문장이 아니다. '무엇은 어떻다고 믿는다', '누구는 이런 사람이라고 믿는다'라고 해야 완성되는 문장을 대신했을 뿐이다. 이를테면 외계인을 믿는 사람과 믿지 않는 사람으로 구분되는 게 아니라, '외계인이 존재한다'라는 믿음과 '존재하지 않는다'라는 서로 다른 믿음을 가졌을 뿐이다. 요컨대 신념의 문제는 유무의 문제나 '옳고 그름'(正誤)의 문제가 아니라, '다름'(差異)의 문제일 뿐이라는 것이다. 바로 '다름'을 자칫 '틀림'으로 오해하는 데서 신념의 여러 가지 복잡하고 심각한 문제들이 야기된다.

또한 신념은 그 믿음의 내용이 빠진 그 의미 자체로는 덕목이 아니라는 사실이다. 투철한 신념, 뜨거운 열정과 불굴의 용기를 가진 위대한 영웅들이 있는가 하면, 스스로 영웅이라고 굳게 믿는 폭군, 독재자나 악당들도 있어 왔고, 인류의 비극적인 역사가 주로 종교적, 문화적, 인종적 신념 간의 대립에서 비롯되었다는 사실도 부정할 수 없다. 신념은 그 내용에 따라 위대한 덕목일 수도, 위험한 악덕일 수도 있다. 위대한 것치고 위험하지 않은 게 없다는 역설이 엄연한 현실인 셈이다. 서양의 역사상 가장 위대한 사상가로 꼽히는 플라톤, 헤겔과 마르크스가 열린사회를 가로막은 가장 위험한 적이라는 주장도 있다(칼 포퍼, 『열린사회와 그 적들』).

개인의 신념의 기원과 발생에 관한 명쾌한 이론은 아직 없다. 그만큼 복합적이고 역동적이어서 설명이나 예견이 어렵다는 뜻이다. 다만 타고난 천성이나, 의도적 학습의 영향도 없지 않겠으나, 아무래도 그보다는 우연적이고 개인적인, 어쩌면 사소할 수도 있는 특수한 경험들이 씨줄 날줄처럼 이리저리 얽히고설키고 쌓여서, 세상 물정에 관한 여러 자잘한 가치관들뿐 아니라, 거창한 무슨 이론, 무슨 주의, 더 나아가 무슨 당, 무슨 교파까지 만들어 내게 된다.

여기서부터 지식과 신념의 불편한 관계가 드러나게 된다. 지식과 신념이 인간의 의식, 정신세계를 이루는 두 축임에는 틀림없지만, 교육이 담당하는 공인된 지식과, 주로 사적인 경험에 의한 신념의 관계가 그리 순탄하지 않을 것은 분명하다. 교육이 다루는 지식에는 전통적으로 '지식의 조건'이라는 까다로운 조건이 전제되어 왔다. '진리조건', '신념조건', '증거조건' 등이 그것이다. 풀어 말하자면 누군가 무엇을 '안다'고 말하려면, 우선 안다고 하는 그 명제가 진리여야 하며, 그 명제가 진리라는 신념을 가져야 하고, 그 명제가 진리라는 증거를 댈 수 있어야 한다는, 어찌 보면 당연하고도 상식적인 수준의 조건들이다. 그리고 이 조건들은, 지식을 지식답게 가르쳐야 하는 지식교육의 경우에 그대로 적용되는 것은 당연하다. 그래서 진리조건이나 증거조건이 충족되지 못할 경우, '교화'(敎化; indoctrination)(부정적인 의미를 강조하여 '맹교'(盲敎), '위교'(僞敎)로 번역되기도 한다)로 개념화하여 잘못된 지식교육으로 금기시하고 있다.

이렇게 지식은 신념을 필요로 하지만, 신념은 지식의 조건을 필요로 하지 않는다는 점에서, 지식을 다루는 교육과 신념의 불화는 당연한 것처럼 보이기도 한다. '교화'라는 말이 '교리주입'(in-doctrine)에 어원을 두고 있다는 것만 보아도, 그게 교육이나 지식보다 종교나 신앙과 훨씬 인연이 깊다는 것을 말해 준다. 바로 진리검증의 과정이 필요 없다는 점에서 그렇다. 여기서 신념의 폐쇄성이 확인된다. 한 종파가 다른 종파를 수용하거나 소통하기 어려운 것처럼, 한 신념은 그와 다른 신념에 배타적이고 대립적일 수밖에 없다.

이런 신념의 배타성과 편협성은 금방 경직성으로 이어진다. 신념은 의례 굳고, 확고하고, 강건하고, 투철할수록 미덕처럼 여겨져 왔다. 그러나 알고 보면 보석이나 건축자재처럼 굳고 단단할수록 가치 있는 무기물도 있겠으나, 유기체의 경우 굳음이란 실은 치명적인 죽음의 증세인 경우도 많이 있다. 인간도 어릴 적 유연하던 육신이 세월이 갈수록 여기저기 경화, 경색되어 마침내 전신 경화로 생을 마감하게 된다. 문제는 육신뿐 아니라, 신념을 비롯한 정신세계도 세월에 따라 덩달아 굳어진다는 것이다. 이렇게 신념은 굳으면 굳을수록 그 위험성도 커지게 마련이다. 확신이 맹신으로, 나아가 미신이나 광신으로 발전하게 된다. 자기 신념이 사실적 지식과 충돌하는 이른바 인지 부조화 상황에서 승리하는 것은 언제나 신념일 가능성이 높다. 신념은 자기 자신의 선택적 경험과 결부된 것이기 때문이다. 믿을 만해서 믿은 게 아니라 믿고 싶어서 믿은 것이라 그걸 스스로 부정할 수 없는 경우가 많다. 그래서 한발 나아가 음모론으로 이어진다. 즉 사실을 부정하는 데 그치지 않고, 그 사실이 실은 어떤 세력의 음모로 조작되었다는 신념이다. 인간의 달 착륙이 조작된 거짓이라는 주장뿐 아니라, '지구는 둥글다'는 교과서적 지식도 과학자들의 음모에 따른 조작이라는 신념을 가진 모임도 있다지 않은가.

신념이 확신으로 굳어질수록, 그 관성에 따라 맹신, 미신, 광신을 넘어 망상의 단계로까지 발전하는 게 일반적인 현상이다. 게다가 그런 증세는 개인적인 차원에 그치지 않고, 집단적이고 사회적으로 확대 재생산되는 경향을 보인다는 데 그 심각성이 있다. 이렇게 폐쇄적이고 경직된 신념의 틀에 스스로를 가둔 사람이 자유인, 즉 교양인일 수는 없다. 그들에게서 이해와 성찰, 소통과 관용을 기대할 수 없기 때문이다. 그리고 그런 사람들로 구성된 사회는 지성과 교양이 작동하는 문명사회와는 거리가 멀어도 너무 멀어질 수밖에 없다.

이렇게 신념의 여러 부정적인 문제, 즉 지식과 신념의 불화로 인한 필연적인 논리가 교육이 신념의 문제를 외면해도 된다는 이유일 수는 없다. 오히려 여기서 신념 형성의 과정에 교육의 적극적인 관여가 필요하다는 과제를 확인할 수 있게 된다. 그리고 그 방향도 비교적 분명해 보인다. 즉, 신념의 병폐와 위험성을 줄이고 완화하는 방향이다. 그를 위해 교육이 할 수 있는 일은 무엇일까. 육신의 경직을 완화, 지연시키기 위한 평소의 생활습관으로 흔히 기초 체조나 스트레칭 등이 권장되듯이, 의식의 경직을 줄이기 위해서도 이와 유사한 노력이 필요할 것이고, 그게 바로 교육의 과제인 것이다.

무엇보다 먼저 신념의 위험 가능성을 스스로 인식하는 일이 필요하다. 몸의 경직이 가져올 위험성을 알아야 대응의 동기가 생기는 것과 같다. 그것은 동시에 유연성과 개방성의 미덕을 인식하는 것과도 통한다. '굳음이 죽음의 징조이며 부드러움이 생명의 징조'라든가 '부드러운 것이 단단한 것을 이긴다'(柔弱勝剛强)라는 사실은 노자의 지혜로서 뿐만 아니라 현대 의학과 공학의 사실적 지식으로 이해되어야 한다. 바로 지식이 신념의 파수꾼으로 그 잘못된 길을 예방하는 백신 역할을 자임해야 한다는 뜻이다.

'천지불인'(天地不仁; 老子)이라는 말도 있지만, 세상은 솔직하지 않아 그 속내를 알기가 쉽지 않다는 것은 엄연한 사실이다. 그래서 사람들은 묻고 또 묻기를 반복하게 된다. 그걸 전문적으로 하는 게 곧 학문이라 할 수 있다. 알기도 어려우니 믿기란 더 어려울 수밖에 없고 한층 더 진지하게 물어야 한다. 주어지는 정보는 물론이고, 직접 경험마저도 언제나 오류 가능성이 있게 마련이어서, 그 확실성과 신뢰성에 의문을 가지는 것이 상식적이다. 보이는 것이 전부가 아닌 것은 물론이고,

심지어 물리적인 현상에서도 확실히 결정된 것은 없다는 게 현대 물리학의 정설이기도 하다.

알고 보면 실은 신념, 즉 '믿음'의 의미 속에 이미 '앎'의 의미가 논리적으로 전제되어 있다. 아무래도 '모르는 것'을 믿을 수는 없기 때문이다. 적어도 외계인이 뭔지는 알아야 그게 있다, 없다 믿게 되지 않겠는가. 이렇게 신념의 지적 전제에 착안하게 되면, 이제 지식과 신념의 관계는 새로운 국면을 맞이하게 된다. 즉 대립과 불화의 관계가 아니라, 대화와 소통이 가능한 상보적인 관계로 이해할 수 있다는 것이다. 그리고 그 대화가 지속됨으로써 서로에게 성찰과 성장의 계기로 작용하게 될 것이다. 여기서 질문과 대화, 소통과 성찰, 성장이라는 개념은 오롯이 바로 교육의 몫이 아닌가.

과연 신념에도 변화, 발전, 성장이 가능한지 의문의 여지가 없지는 않다. 그래서 '믿음만 따르고 공부를 멀리하면 세상을 해치게 된다'(好信 不好學 基蔽也賊)거나, '제 생각에 빠져 공부하지 않으면 위태롭다'(思而不學則殆)라는 공자의 고언은 아직도 유효하다고 볼 수 있다. 이는 달리 해석하면 공부를 통해서 신념의 위험성으로부터 벗어날 수 있다는 희망적인 메시지로도 들린다. 여기서 공부란 곧 지식과 신념, 신념과 다른 신념 간의 대화와 소통의 길을 트는 일이며, 이로써 편견과 독단에서 벗어날 수 있으니 이것이 바로 성장이 아니고 무엇이겠는가.

이런 신념의 성장 가능성은 경험적 사실을 통해서도 똑똑히 확인할 수 있다. 매년 불탄절이나 성탄절 등 특정 종교의 기념일에 상대 종교 신도들 간의 낯 뜨거운 갈등 장면들이 보도되는가 하면, 한편으로 각 종교의 고위 지도자들 간에 서로 축하의 덕담을 나누는 소식도 들리곤 한다. 이런 말단 신도들의 대립과 원로급 지도자의 소통이라는 상반되는 장면이 무엇을 뜻하는지는 쉽게 짐작할 수 있다. 바로 인격의 성숙도, 도량과 교양의 차이, 곧 공부의 수준 차이를 드러내 보여 주는 것이 아닌가. 그리고 이는 종교계뿐 아니라, 한때 갇혔던 특정 이념이나 집단의 사슬에서 스스로 벗어난 많은 사람들의 사례에서도 분명히 확인할 수 있다.

그렇다면 신념의 성장을 위한 새로운 교육 프로그램이 따로 필요하다는 것인가. 다행히 그런 수고는 필요

없다. 그동안 교육이 여러 세력에 의해 이리 뒤틀리고 저리 일그러져 오는 동안에도 전통적인 교육의 본질적인 의미를 지켜 올 수 있었기 때문이다. 즉 교육은 지식에의 입문과 이성의 계발을 통해 자유로운 지성의 소유자인 교양인을 꿈꾸는 이른바 자유교육이라는 전통이 그것이다. 그리고 이는 예(禮)와 악(樂)을 겸비한 군자를 교육적 인간상으로 하는 동양 유학의 교육론과도 상통하는 것으로 볼 수 있다. 바로 공자의 훈수처럼 '공부를 좋아하고'(好學), '공부하면서 생각하고'(學而思), 또한 '배우고 틈틈이 익히기'(學而時習)를 열심히 하면, 곧 우리가 기대하는 교육의 성과가 따라오게 마련이다. 혹 그 성과가 부실한 경우라면, 배우는 사람과 가르치는 사람들이 해야 할 유일한 일은 스스로의 모자람이 무엇인지 함께 반성하는 일일 것이다. 자기 성찰이야말로 교양의 의미를 확인하는 가장 중요한 기준이기도 하다. 자기 성찰이 없이 자기 독단에 빠진 사람을 '교양인'이나 '선비'라고 보기는 어렵지 않은가.

이제 앞의 소크라테스 질문에 답할 때가 된 듯하다. 즉 덕을 직접 가르치기는 어려울지 모르나, 스스로 덕을 쌓는 길은 가르칠 수 있고, 그걸 가르쳐야 하는 게 바로 교육의 몫이라는 것이다. 이런 대답에 소크라테스가 과연 어떻게 반응할지는 알 수 없지만, 그게 지금 그리 중요하지는 않을 것 같다.

어린 왕자 교육론

 우리에게 '어린 왕자'는 누구인가? 물론 독자의 연령이나 성향에 따라 다르겠으나, 그가 20세기 이후 수많은 지구인들의 가슴에 남긴 울림이 컸다는 사실만은 의심의 여지가 없다. 다만 그 울림의 의미와 깊이에 차이가 있을 뿐일 것이다. 누구에게는 요즘 흔한 판타지 동화 속의 귀엽고 어린 꼬마 주인공쯤으로 기억되겠지만, 또 누군가에게는 아련한 어릴 적 고향 친구처럼 친근한 사이로 추억되기도 할 것이다. 그런가 하면 좀 어른스러운 독자 중에는 그의 말과 행동의 의미를 찾고자, '그가 지구로 온 까닭은 무엇인가?'라는 진지한 질문의 대상으로 삼을 수도 있을 것이다. 아마도 그를 우리에게 소개한 저자가 이 책을 어른이 된 어린이에게 헌사한 의도도 여기에 있었을 것으로 짐작된다.

 그가 머나먼 소행성에서 지구까지 날아온 데는 단순히 호기심 때문이거나 친구를 찾기 위한 것만은 아닐 것이다. 그의 언행은 여러 면에서 지구의 어른들보다 순수하면서도 지혜롭다. 그가 지구에 오기 전에 들렀다는 6개 소행성들은 아마도 지구의 다른 구석의 작은 나라들을 서로 다른 별로 착각했을 가능성이 크다. 그의 경험담에 등장하는 여섯 명의 이상한 인물들은 알고 보면 우리 주변에서 흔히 보게 되는 지구인의 대표적인 군상들이기 때문이다. 그가 만나 보았다는 절대 권력에 목맨 독재자, 독선적 자아도취에 빠진 허풍쟁이, 맹목적인 집착의 술꾼, 소유욕에 눈먼 상인, 소외된 반복 노동에 시달리는 근로자, 실제와 괴리된 이론에 집착하는 학자 등, 이들이야말로 바로 현대 지구문명의 적폐들을 고스란히 드러내 보여 주는 인간상들이 아닌가? 이처럼 어린 왕자의 미소와 유머 속에는 현대 문명의 모순과 부조리에 대한 날카롭고도 시원한 비판이 감추어져 있다. 마치 사막이 오아시스를 감추고 있듯이.

이렇게 일그러진 현대 문명의 한가운데 교육이 있다는 사실은 너무나 자명하다. 사람들의 삶의 방식을 '문화'(문명)라고 한다면, 여기서 사람들이란 바로 다름 아닌 교육의 결과물들이며 문화도 그들의 작품이기 때문이다. 교육은 기존 문화의 전수나 재생산이라는 소극적 기능만이 아니라, 문화의 심화, 확대, 변혁 등 적극적 기능을 가진다는 점에서 사회, 문화적 책무성이 강조되어야 마땅하다. 교육은 스스로가 삶의 한 형식이면서 동시에 모든 삶의 형식들을 관장하는 지위를 가진다.

그렇다면 과연 어린 왕자에게서 우리 교육이 새겨야 할 메시지는 무엇인가? 그가 강조하고 있는 많은 가치들 가운데 가장 근본적이면서도 강렬한 명제를 찾는다면 이렇게 정리될 것이다.

중요한 것은 보이지 않는다. 그 보이지 않는 알맹이 중의 알맹이는 '길들임', 곧 사랑이다.

이만큼 세상의 이치와 삶의 원리를 간결하고도 함축적으로 규정하기도 어려울 것이다. 어찌 보면 이미 여러 선현들의 말씀으로 들었음 직한, 그래서 그다지 새로울 것도 없는 이 명제들이 새삼 신선하게 들리는 이유는 무엇일까? 먼 별나라 낯선 친구에게서 다시 듣게 되어 그럴 수도 있겠으나, 아무래도 그동안 우리가 이런 뻔한 이치와 원리를 너무 멀리한 채 잊고 살아왔다는 데 더 큰 까닭이 있지 않겠나 싶다.

　세상의 이치를 안다는 것과 그것을 자기 삶의 원리로 삼는다는 것은 다를 수 있다. 이치는 인간 밖의 것일 수 있으나, 삶의 문제는 온전히 그 삶의 주체인 인간의 의지와 판단에 의해 결정된다. 이 둘 간의 관계를 맺어 주는 일('길들임'이라는 왕자의 개념과도 통한다)이 바로 다름 아닌 교육이다. 교육은 이 복잡한 세상의 이치를 잘 간추려 사람들에게 이해시키는 데 그치지 않고, 그들로 하여금 그 이치들을 자기 삶의 원리로 삼아 살아가도록 안내하는 일이다. 그러기 위해서는 당연히 먼저 교육 스스로 그러한 이치를 교육의 원리로 받아들이지 않을 수 없다.

　어떤 가치를 교육의 원리로 삼는다는 말은 교육의 목적, 교육의 내용, 교육의 방법 등 교육의 전 과정에 그 가치가 논리적으로 일관되게 적용되어야 한다는 뜻이다. 예컨대 '사랑'이 교육의 원리라고 한다면, 교육의 목적은 사랑하는 사람을 기르는 일이 될 것이고, 그 내용은 '사랑'이 되어야 하며, 그 방법 역시 사랑일 수밖에 없다. 사랑하는 사람이 되려면, 우선 사랑이 무엇인지 알아야 한다. 사랑을 사랑이 아닌 다른 방법으로 배울 수는 없기 때문이다. 여기서 만일 일관성이 깨진다면 그 가치는 '원리'가 아니라 한낱 '방편'에 지나지 않게 된다.

　교육이란 본디 보이지 않는 세계를 다루는 일이다. 보이지 않기에 사람들이 알지 못하는 진리의 세계로 안내하는 게 교육의 본질이다. 진리의 세계라고 해서 무슨 거창하거나 멀리 떨어진 낯선 것이 아니라, 우리가 수업시간에 다루는 교과들 속에 들어 있는 바로 그것들이다. 국어의 맞춤법, 수학의 공식 하나, 자연의 법칙 하나, 이 모두가 드러나 보이지 않는 진리를 담고 있다. 이렇게 교육의 목적도, 교육내용도 보이지 않는다면 교육방법의 경우는 어떤가? 흔히 교육방법이라면 시청각 자료 활용, 또는 토론식이니, 무슨 모형이니 해서 교사의 보이는 행위라고 생각하기 쉬우나, 교육방법의 의미를 교사와 학생 간의 상호작용이라고 본다면 그렇지도 않다. 예부터 '구전심수'(口傳心授)라 했으니, 여기서 '입으로 전달'하는 일이야 보일지 모르나, '마음으로 주는'

일이 보일 리는 없다

그렇다면 과연 '중요한 것은 보이지 않는다'는 이 이치가 그동안 우리 교육의 원리로 어떻게 작동해 왔는지를 돌아보는 순간, 우리는 경악하지 않을 수 없다. 이런 원리에 따른 교육의 원형은 이제 이 세상에 없다. 사라져서 보이지 않는 것이 아니라, 전혀 다른 모습으로 둔갑했기 때문이다. 더욱 놀라운 것은, 그동안 그런 원리가 적용되지 않았다는 사실이 아니라, 오히려 역으로 '보이는 것만이 중요하다', '보이지 않는 것은 무의미하다'는 원리에 충실했다는 사실이다. 즉, 보이지 않는 교육이 아니라 '보이는 교육', '보이게 만드는 교육', '보이는 세계만을 다루는 교육'으로 철저히 변신한 것이다. 그리고 교육의 이러한 혐의는 굳이 입증할 필요조차 없다. 문제의식이 전혀 없는 교육 스스로 자신의 행적을 마치 자랑처럼 고백하고 있기 때문이다. 그것도 저서나 연구보고서와 같은 문서로 자술하고 있다.

이제 교육목표의 진술도, 교육내용인 지식도 눈에 보이는 행동적 용어로 세분화, 수량화되고 있다. 보이지 않는 실력은 없는 것이니 오직 수량화된 성적만이 중요해진다. 교육의 전 과정을 양적 평가가 지배하게 되었고, 교육현장이 온통 숫자 노름판으로 변질되고 말았다. 중요한 알맹이들이 모조리 부스러기나 껍데기들로 파편화되어 버렸다.

이러한 현대 교육의 일그러진 현상에 대해 교육의 책임이 아니라는 동정론도 있을 수 있다. 산업화에 따른 성과중심의 경쟁사회라는 시대상황, 공교육의 대중화에 따른 사회적 요구, 효율성을 앞세운 관료제도의 횡포와 압박 등, 크고 작은 상황적 조건들 속에서 교육도 어쩔 수 없었다는 해명도 얼핏 설득력이 있는 듯하지만, 이 논리는 실은 교육을 외적 조건에 종속시킴으로써, 교육의 주체성과 자율성을 부정하는 반교육적 논리를 전제로 하고 있다. 바로 수단적 교육관이라는 함정도 여기에 있다.

'중요한 것은 보이지 않는다'는 어린 왕자의 메시지가 교육의 원리로 다시 서기 위해서는, 무엇보다 교육의 전문성, 그에 따른 주체성과 자율성이 회복되어야 한다. 문제는 그와 동시에 교육에 무한책임이 따르는 부담이 있다는 것이다. 당장 눈앞에 보이는 이해에 집착하는 대중, 부조리한 제도적 관행 등 모두, 따지고 보면 그동안 교육의, 또는 교육 실패의 결과물들이며 교육의 책임일 수밖에 없다. 결과적으로 전문성이라는 교육의 영혼을 대중의 이해와 맞바꾸는 최악의 거래에 동조한 셈이다. 이에 대한 교육 스스로의 치열한 자기 성찰이 없이는 교육에 희망은 없다고 보아야 한다.

여기서 우리는 처음에 제기했던 물음, '어린 왕자가 우리 곁에 온 까닭은?'이라는 질문의 답을 위한 한 가닥 실마리를 찾을 수 있을 듯하다. 그는 아마도 지구라는 별에서 점점 아름다움이 사라져 가고 있다는 사실이 안타깝고도 슬펐을 것이다. 마치 하나뿐인 자기 장미꽃이 시드는 것을 바라보는 것만큼이나 가슴이 아팠을지 모른다. 그리고 그것이 마음처럼 보이지 않으면서도 중요한 것을 놓치고 있기 때문이라는 걸 깨우쳐 주고 싶었을 것이 틀림없다. 그가 특히 '마음과 마음의 만남'의 중요성을 강조하기 위해, 직접 여우와의 '길들임' 경험담을 들려준 것도 이를 뒷받침하는 게 아닌가 싶다.

이제 '어린 왕자'는 돌아가고 없다. 아니, 없어진 게 아니라 단지 눈에 보이지 않을 뿐이라는 게 맞다. 그는 아직도 지구에서의 추억을 회상하면서 그리워하고 있을지도 모르고, 한편 삭막한 지구의 모습을 슬퍼해 하고 있을지도 모른다. 우리도, 그를 아직 기억하는 사람이라면 그가 남기고 간 울림을 가슴에 간직하고 있을 것이다. 그 울림의 의미와 크기는 제각각이겠으나, 아무래도 교육계에 남긴 울림은 뼈아픈 것일 수밖에 없다. 만일 지구가 그를 슬프게 했다면 그 책임의 8할은 교육의 책임일 것이기 때문이다. 그의 아름다운 모습과 그의 별에 관한 얘기를 들은 것만 해도, 우리는 그에게 진 빚이 적지 않다. 그를 기리고 그리워하는 것이 그에 대한 최소한의 예의가 아닐까 싶다.

참고로 덧붙이자면, 그를 우리에게 소개해 준 원작자는, 그에 대한 소개뿐만 아니라 그에 대한 절절한 그리움을 고백하고 있다. 그리고 얼마 지나지 않아, 그 역시 왕자와 너무나 비슷하게 지구상에서 보이지 않았다. 어쩌면 그들의 진실한 사랑과 그리움이 그 둘을 별나라 어디에선가 만나게 한 것 아닌가 상상해 본다.

스승과 선비

요즘 진정한 '스승'이 없다고 걱정들을 한다. 그러나 알고 보면 그렇지만도 않다. 적어도 사전적 의미에서 스승 '사'(師) 자로 불리는 직종은 날로 늘어나고 있는 추세다. 언제부터인가 '운전수 아저씨'가 '기사(技師)님'으로, '간호원 아가씨'는 '간호사(看護師)님'으로 대접받고 있다. 그렇게 대접받기를 원하기 때문이다 모두 스스로 '스승'임을 내세우려 한다. "사람 셋이 모이면 그 가운데 반드시 스승이 있다"(三人行 必有我師焉)라는 공자님 말씀이 혹시 이를 두고 말함인가? 의사(醫師), 목사(牧師)는 물론이고 이용사(理容師), 요리사(料理師), 정원사(庭園師)도 스승이라 치면 그도 그럴 만하다

가끔 이름 있는 학자의 부음 소식에 '마지막 선비'라는 칭송 조의 수사가 덧붙여진 신문기사를 보게 된다. 말 그대로라면 이제 이 땅에 '선비'는 더 이상 없다는 뜻이 된다. 그러나 과연 그런가? 스승 못지않게 선비(士)

또한 흔해 빠진 게 요즘 세상이다. 변호사(辯護士)를 비롯하여 회계사, 중개사 등, 알 듯 말 듯 한 선비들이 많기도 하다. 다들 그렇게 대접받기를 바라기 때문일 것이다. 그리고 거기에는 필경, 이른바 사농공상(士農工商)이라는 봉건시대적 신분질서에 대한 무의식적 향수가 반영된 것으로 볼 수 있다. 그래서 너도 나도 '선비'임을 내세우려 한다. 그렇다면 이렇게 스승도 많고 선비도 흔하다는 것이 우리나라가 좋은 나라라는 증거라도 된다는 것인가?

그보다 먼저 불러 주는 이름자와는 상관없이 본래적인 의미의 '스승'과 '선비'가 과연 있기는 있는 것인가? 무엇이건 간에 그것이 흔하다는 것은 진짜가 드물다는 사실을 반증하는 것으로 볼 수 있다. 너도나도 '스승'이나 '선비'라고 스스로를 내세우는 현실이야말로, 진짜 '스승', 진짜 '선비'가 없다는 증거일 수도 있다.

과연 본래적인 의미의 '스승'은 누구이며, 참된 '선비'의 모습은 어떤 것인가? 얼핏 보아 서로 다른 두 가지 질문처럼 들리는 이 질문들은, 실은 같은 뜻의 한 가지 질문으로 보아야 옳을 것이다. 조선시대 선비의 역할은

두 가지 길, 즉 관직으로 출세하여 국가 사회에 봉사하거나 아니면 지방에서 후세 교육에 헌신하는 일로 갈리지만 앞의 경우보다 단연 뒤의 사례가 훨씬 일반적이었을 뿐 아니라 일부 관직에 나간 사람도 말년에는 낙향하여 교육의 길로 돌아오는 걸 당연하게 여겼다. 이 점에서 선비와 스승은 동격으로 보아도 무리가 없다.

지금까지 '스승상'에 관한 접근 방식으로, 위대한 인물로 평가되어 온 개별 인물들의 인간상과 업적을 조명하는 노력들이 있어 왔지만, 지나치게 개별적인 수준에 머무를 수 있다는 점에서 한계가 있다. 우리의 '스승상'을 찾아 보기 위한 한 가지 대안으로 우리의 전통문화 속에서 일정한 세력을 형성하면서 교육적 역할을 담당해 왔던 집단에 관심을 가져 볼 수 있으며 그러한 관심과 동시에 우리는 자연스럽게 '선비집단'(士林)에 착안하게 된다. '스승상'과 '선비상'을 동격으로 보려고 하는 이러한 착안에 대해 금방 정서적인 거부반응도 있을 것으로 짐작된다. 그러한 부정적 반응의 근거는 '선비'가 봉건적 신분사회의 고리타분한 유산으로, 문약하고 은둔적이고 비실천적이라고 하는 이미지 때문일 것이다. 그러나 그러한 인식이 오해라는 점을 밝히는 일은 그리 어렵지 않다.

'선비'가 구시대적 개념인 것만은 사실이지만, 그렇다고 해서 그 인간상, 그들이 추구하고자 했던 정신마저 버려져야 할 것이라고 본다면, 그야말로 인간 삶의 기반으로서의 역사와 전통을 부정하는 발상으로 지탄받아 마땅하다. '온고지신'(溫古知新)이라는 한마디 명제가 바로 이 문제에 대한 명쾌한 답이 될 것이다. 선비가 실천적 힘이 없는 문약한 인상으로 비쳐졌다면, '위정척사'(衛正斥邪)나 나라의 명운에 목숨까지 걸었던 옛 선비들, 예컨대 남명 조식(曺植), 매천 황현(黃玹), 면암 최익현(崔益鉉) 선생 등과 같은 선비들의 치열했던 생애에 잠시라도 관심을 가져 보기 바랄 뿐이다.

'선비상'이 오늘의 '스승상'을 확인하는 원천이 될 수 있는가 하는 점은 그들은 과연 어떤 사람들이었는지, 그들이 추구한 정신은 무엇이었는지를 살펴봄으로써 밝혀질 일이다. '선비'의 가장 간결한 정의로는 '독서인'(讀書人)이라는 연암 박지원(朴趾源)의 단답이 명쾌하다. 여기서 '독서인'이란 물론 단순히 '책 읽은 사람'을 뜻한다기보다 '공부한 사람', 즉 '교육받은 사람', 곧 '교양인'을 뜻하는 것이다. 그리고 여기서 '교양'의 뜻이 사적이거나 개인적 차원의 것이 아니라 '극기복례'(克己復禮)하고, '수기치인'(修己治人)하는 지도적 인격을 의미한다는 점에서, 서구적인 의미의 신사(紳士)가 가지는 교양과는 그 격이 다른 것으로 보아야 한다.

바로 이 점 때문에 초야에 묻혀 사는 선비라 하더라도 개인적 수양에 머물지 않고 나라의 정치와 백성의 삶에 대한 실천적 열정을 가지지 않을 수 없었고, 따라서 조정에서도 '선비의 사기(士氣)가 곧 나라의 원기(元氣)'라는 점을 인정했던 것이다. 요컨대 '선비'란 요즘 흔한 말로 '학식과 덕망을 갖춘 지도적 양심세력'이었던 셈이다. 이 정의야말로 우리가 오늘 찾고자 하는 '스승상' 혹은 '교사상'의 정의로 대입시켜 한 점 손색이 없지 않은가? 따라서 교육 밖에서는 마땅히 '교직자의 사기(師氣)'가 곧 '나라의 원기'라는 점을 명심해야 할 것이며, 교직자들 스스로는 모름지기 선배들의 곧고 반듯한 선비정신을 이어받아 이 험한 세상을 헤쳐 나갈 지도적 인격을 갖추기 위해 '뜻을 굳건히(誠意)' 하고 '마음을 바로(正心)'하여 '자기를 닦는(修身)'(『大學』) 도리를 다해야 마땅할 것이다. 그럼으로써 비로소 교육이라는 사람 다루는 일(治人)의 경지가 가능할 것이기 때문이다.

조선의 선비가 이웃 나라에서 스승으로 받들어지는 놀라운 사례도 있었다. 임진왜란에 이어 다시 벌어진 정유재란이 왜군의 패색으로 끝나 갈 무렵, 호남의 한 해안 지역에서 철수하던 왜군에 의해 그 지방의 선비 한 사람이 포로로 잡혀 왜국으로 납치를 당하게 된다. 그는 말단 관직에 있다가 잠시 낙향해 있던 중 전쟁이 터지자 의병에 참여했던 강항(姜沆, 1567-1618)이라는 이름의 젊은 선비였다. 이런 재난이 아니었다면, 그는 아마도 평범한 시골 선비 중 한 사람으로 지금 그 이름이 잊혔을지 모른다.

억류 초기에 그는 여느 포로들과 마찬가지로 온갖 엄청난 고초를 겪지 않을 수 없었다. 그러나 그가 조선에서 공부한 선비라는 사실이 알려지면서 상황은 점차 반전되기 시작했다. 그의 학식을 알아본 식자들이 그에게 가르침을 청하였고, 특히 유학에 관심을 가지고 있던 후지와라(藤原)는 젊은 조선 선비로부터 성리학의 체계와 내용을 통째로 전수받고자 그에게 경전과 문헌들의 저술을 간청하였다. 그에 따라 선생이 억류된 2년 남짓 되는 기간에 사서오경을 비롯하여 무려 16권에 달하는 성리학 텍스트가 편찬되었고, 이것이 바로 일본 성리학의 토대가 되었다. 이로 인해 이후 선생은 일본 유학의 큰 스승(鴻儒)으로 동상까지 세워 추앙받아 오고 있다.

선생은 그로부터 성리학을 배운 제자들의 도움으로 억류에서 풀려나 귀국하게 되는데, 조정에서 여러 관직을 내렸으나 모두 완강히 사절하고 원래대로 낙향하여 후세 교육, 다시 말하자면 후진 선비 기르는 스승의 길에 나머지 생애를 바쳤다. 이런 그의 생애야말로 스승으로서의 선비의 삶의 모습을 가장 극적으로 보여 주었다고 하겠다.

갈매기 조나단의 자유교육론

누구나 날고 싶어 한다. 날개가 있으면 있는 대로, 없으면 없는 대로 날고 싶어 한다. 날개 달린 이에겐 나는 일이 생활의 방편이겠으나, 날개 없는 이에겐 꿈이자 이상이 아닐 수 없다. 그런데 어쩌다 날개 있는 갈매기가 자기 본분을 잃고 엉뚱하게 나는 일을 방편이 아니라, 자기 삶의 이상으로 삼게 되면 어떻게 되는지, 그걸 보여 주는 게 바로 '조나단'이라는 이름의 『갈매기의 꿈』(R. Bach, *Jonathan. L. Seagull*, 1970)이다.

그가 그의 꿈을 이루어 가는 이야기는, 종족이 다른 우리 사람 세계에도 여러 가지 울림으로 남아 있다. 누구에게는 창공을 비상하는 낭만적인 꿈을 공감하기도 할 것이며, 또 누군가는 자신의 삶을 비추어 보는 잣대로 삼기도 할 것이다. 그가 갈매기로서의 자신의 한계에 도전하는 불굴의 용기, 새로운 세계에 대한 진취적 집념이나 인내와 열정 등 그가 보여 준 여러 미덕들도

충분히 감동적이지만 그의 궁극적인 꿈은 '자유', 곧 '자유로운 영혼'이었다.

과연 그가 그토록 염원한 '자유'란 무엇인가? '자유'는 날개 달린 새들만의 덕목이 아니다. '자유'는 이 세상 만물, 적어도 생명을 가진 유기체들에게는 최고의 가치가 아닐까 싶다. 아마도 그게 생물 진화 원리의 한 열쇠일지도 모른다. 아무리 이름 없는 미물이라 하더라도 자유보다 '갇힘'을 택할 리 없으며, 만물의 영장이라는 인간이야 더 말할 필요가 없다. 어찌 보면 인류, 아니 모든 생물의 역사가 자유를 향한 열정과 투쟁의 역사라고도 볼 수 있다.

이렇게 '자유'가 위대한 가치임에 틀림없지만, 과연 '자유란 무엇인가' 진지하게 묻는 순간, 바로 문제의 어려움을 알게 된다. 우리가 보기에 창공을 이미 자유롭게 마음껏 나는 갈매기가 굳이 자유를 갈구하는 것도 이해하기 어렵다. 자유를 헌법에 명시한 나라의 국민은 모두 자유로운가. 자율학습 시간에 운동장에서 뛰노는 아이들은 과연 자유를 누리고 있을까. 간단한 문제가 아니다. 육신적 자유와 정신적 자유, 개인적 자유와 공공의 자유가 배치될 수 있다는, 이른바 '자유의 역설'이라는 문제에 부딪히게 된다. 요컨대 '창살 없는 감옥'도 있을 수 있고, 개인의 자유분방이 전체의 자유에 장애가 될 수 있다는 것이다. 자유란 아무에게나 아무렇게나 주어지는 것이 아니라, 자신의 의지와 노력으로 누릴 수 있는 축복이라는 뜻이다. 결국 '자유로움'의 최종적인 관건은 외적, 환경적 조건이 아니라, 자유를 바라는 자신의 '마음의 상태'에 있는 셈이다.

 '자유로운 마음의 상태'가 아무에게나 저절로 주어질 리 없으니, 그에 걸맞은 의지와 능력 등의 정신적 자질이 필요하지 않을 수 없다. 그런 자질을 갖춘 인간상을 예부터 '자유인'이라고 불러왔다. 자유인이 아닌, 즉 외적으로 주어진 자유를 내적으로 감당하지 못할 경우, 자유는 축복이 아니라 오히려 고통이 되어, 이른바 '자유로부터의 도피'(E. Fromm)라는 불행한 사회현상도 나타나게 된다. 그래서 인류는 고대로부터 자유를 누리는 데 필요한 자질을 위한 도야와 수행이 있어 왔고, 그것을 '교육'이라고 불렀고, 전통적 교육의 원형이 되었다. 그 전통적 교육의 원형을 '자유교육', 또는 '자유교양교육'(liberal education)이라고 불리고 있으나, 실은 근래 현란한 교육 이름들이 등장하면서, 교육의 본래적인 의미를 강조하기 위해 편의상 붙여진 명칭일 뿐이다.

'자유교육'의 의미를 규정하는 가장 중요한 기준은, 어떤 특정한 구체적이고 실용적인 목표로부터 자유로운 교육이라는 것이다. 알고 보면 이 세상 중요한 가치들의 대부분, 예컨대, '사랑', '헌신', '아름다움', '정의로움', '합리성', '지식과 학문', '교양' 등 많은 덕목들은 실은 실용적인 효용가치와 무관하게, 오로지 '인간다움'을 이루는 선험적인 가치들이며 거기에 이 모든 가치를 함께 다루는 '교육'이 빠질 리 없다.

그런데 놀랍게도 그런 세상의 이치를 깨닫지 못한 사람들을 깨우치기라도 하려는 듯, 하늘을 나는 새 한 마리, 조나단 리빙스턴이라는 이름의 갈매기가 등장한다. 그 조나단의 꿈은 '높이 날기', '빨리 날기', '회전 날기', 나아가 시공을 초월하는 '순간이동 날기' 등 자신의 자유를 만끽할 수 있는 지식들이었지만, 그것들은 누가 봐도 범상한 갈매기로 먹고 살아가는 데 아무 쓸모가 없는 것들이었고, 따라서 거기에 집착하는 조나단은 부모나 공동체로부터 외면당할 수밖에 없었다. 그런 모습이야 우리 주변에서도 흔히 벌어지고 있는 현상이 아닌가. 위에 열거한 인간적 가치들이 언제인가부터 실생활과 거리가 멀다는 이유로 대중으로부터 '탁상공론'이라거나 '구름 잡는 일'로 조롱받고 홀대받아 온 지 오래다. 그러나 조나단은 그의 무리로부터의 온갖 홀대와 배척에도 '자유로운 영혼'이라는 자기 삶의 목표를 포기하지 않았다. 그에게는 그 과정 자체가 즐거움이었을 수 있었던 것이다.

그의 날기 공부가 즐거웠던 것은 그게 자기 혼자만의 외로운 일은 아니었기 때문에 가능했을 것이다. 그는 같은 꿈을 가진 동료들뿐 아니라, 설리반, 챙 등 위대한 스승들을 운명적으로 만나, 그들의 열성적인 지도에 힘입어 더욱더 높은 차원의 세계, 마침내는 '천국'의 세계로까지 입문, 성장할 수 있었던 것이다. 이렇게 지식의 형식에 미리 입문한 선각자, 즉 교육자의 안내와 지도를 전제로 한다는 것은 교육의 또 하나 중요한 요건이 아닐 수 없다.

그러나 무엇보다 조나단의 생애가 빛날 수 있었던 것

은, 한때 자기를 배척했던 옛 마을 후배들을 자기 제자로 받아들일 수 있었기 때문이었다. 그는 '높이 나는 새가 멀리 본다'라는 설리반 선생의 만류를 무릅쓰고, 챙 큰 스승의 가르침인 '자비'의 정신으로 낮은 데로 돌아와 옛날 자기와 같은 꿈을 꾸는 후배들을 가르치게 된다. 아마 불교의 가르침인 '위로는 진리를 구하고, 밑으로 대중과 함께하라'(上求菩提 下化衆生)라는 심오한 깨달음을 터득한 듯하다. 그리고 그 제자들 역시 그 선생의 길을 따른다. 공부한 사람이 할 수 있는 세상에 대한 최선의 헌신이, 다음 세대인 후진을 가르치는 일 말고 무엇이 있겠는가. 그들을 자기와 같은 경지로 이끌어 입문시키는 일, 바로 '교육'인 것이다. 이 점에서 갈매기 조나단이야말로 성공적인 스승, 자유교육에 헌신하는 진정한 교사의 모범을 보여 주었다고 볼 수 있다.

이 갈매기 조나단의 이야기는 실은 그리 특별한 이야기가 아니다. 혹시 갈매기의 세계에서는 특별한 이야기일지도 모르나, 적어도 인간 세상에서는 범상한 이야기여야 마땅하다. 그럼에도 이 범상한 이야기가 범상치 않은, 감동적인 이야기로 관심을 끈 까닭은, 그만큼 우리 사회가 비둘기만도 못할 정도로 정상적이지 않다는 걸 보여 주는 반증이 아닌가 싶다. 자유로운 삶이라는 목표를 위해서, 갈매기에게 높이, 빨리 나는 날개의 단련이 필요한 만큼, 인간에게는 인간만의 날개인 이성의 도야가 필요할 수밖에 없고, 바로 그것이 교육의 몫이 아닌가. 조나단은 이를 진즉 깨닫고 열심히 수행한 반면, 우리는 눈앞의 실용이라는 덫에 갇혀, 높이 나는 자유로운 삶의 의미를 포기하고 있는 것은 아닌지 스스로에게 물어야 한다. 혹시 이 세상 사람들에게 더 이상 기대할 희망이 없기에, 다른 세상 갈매기 이야기가 필요했던 것은 아닌가 걱정된다.

행복순과 성적순

우리 교육의 문제가 여러 가지로 복잡하게 얽혀 있는 것이 사실이지만 따져 보면 모두 부모의 자식 교육 문제로 귀결되어 있다. 자식 가진 부모에게 자식교육, 흔히 '자식농사'로 비유될 만큼 더 큰 일이 없을 것이다. 그래서 대뜸 '자식이 뭐길래'라는 질문이 뒤따르게 된다. 과연 우리에게 자식이란 무엇인가, 부모들이 그토록 목매는 자식사랑이란 무엇인가? 자식사랑은 부모에게 부여된 의무이자 권리이다. 그 의무를 다하지 못하거나 권리를 포기할 경우, 세상의 지탄을 받을 수밖에 없다. 자식사랑 문제는 결국 부모가 자기 자식을 어떤 존재로 인식하는지, 사랑한다는 게 무엇인지 하는 문제로 귀결된다.

> 인간은 신의 손에서 나올 때 선하지만, 인간의 손에 넘겨지면서 타락하게 된다.
>
> - 루소, 『에밀』

이른바 '자연주의 교육론'의 선언이자 대명제다. 여기서 '자연'이란 바로 신의 손에서 나온 상태를 가리킨다. 인간은 태어날 때부터 이미 성장의 원리를 가지고 태어난 존재니, 거기에 인위적인 작용을 더하지 말라는 뜻이다. 이런 인간관이나 아동관이 새로울 것은 없다. 노자의 '무위자연'(無爲自然)을 비롯하여, 동서고금을 통해 이런 성선론적 인간관은 자주 확인된다.

'예언자'는 말한다.

그대의 아이는 그대의 것이 아니다.
아이들은 스스로를 그리워하는 큰 생명의 아들딸이니
그들은 그대를 거쳐서 왔을 뿐 그대로부터 온 것이 아니다.
또 그들이 그대와 함께 있을지라도 그대의 소유가 아닌 것을.

그대는 아이들에게 사랑을 줄 수는 있으나 그대의 생각까지 주려고 하지는 말라.
아이들에게는 아이들의 생각이 있으므로.
그대는 아이들에게 육신의 집을 줄 수 있으나, 영혼의 집까지 주려고 하지 말라.

그대는 활, 그리고 그대의 아이들은 마치 살아 있는 화살처럼 그대로부터 쏘아져 앞으로 나아간다.
그대는 활 쏘는 이의 손에 의해 휘어짐을 기뻐하라.

- 칼릴 지브란, 『예언자』

이 세상 자식 가진 모든 부모들에게 이런 자연주의 아동관이나 예언자적 자녀관을 기대하기는 무리일지 모른다. 그러나 이들의 생각에 비추어 잠시 우리의 자녀관의 형편을 되돌아보는 화두로 삼을 만하다. 하기야 내 자식이 '공부 잘해서', '행복하게 잘 사는 사람'이 되는 것이야말로 자식 둔 부모가 누릴 수 있는 최고의 축복임에 틀림없다. 사람이라면 누구나 그러한 행복을 추구할 권리가 있다고 볼 수 있고, 따라서 부모의 자식에 대한 기대와 요구를 나무랄 수는 없다. 그런 자식에 대한 부모의 태도가 '자식사랑'이란 이름으로 정당화되어 칭송되고 있는 게 현실이다. 여기서 우리 모두 잠시 내 자식 생각은 접어두고, 먼저 도대체 공부란 무엇이고, 공부와 행복의 관계는 어떤지 차분히 따져 보는 시간이 필요할 듯하다.

아무래도 공부가 무엇인지 하는 질문은 실없는 소리로 들릴 것이 분명하다. 많은 사람들이 이미 답을 다 알고 있는 너무 뻔한 질문이라고 여길 것이기 때문이다. 아닌 게 아니라, 길에서 지인을 만나 '그 집 애는 공부 잘하느냐'라는 안부 인사말이 '학교 성적이 좋으냐'라는 뜻이라는 것을 못 알아들을 사람은 없다. 우리 모두 언제부터인가 공부와 실력을 성적과 점수로 동일시하는 고정관념에 빠져 왔기 때문이다.

공부는 좋은 것이며, 공부하지 않고는 사람다운 사람이 될 수 없다는 교육의 기본 전제를 부정할 사람은 없을 것이다. 그래서 학교는 사람 되는 데 꼭 필요한 지식들을 골라 공부시킨다. 이를 두고 지식 위주의 교육이라고 비판하는 소리가 있기는 하지만, 실은 지식 교육에 잘못이 있다기보다는 '어떤 지식'을 '어떻게' 가르치느냐에 문제가 있다고 보아야 한다. 원래 지식이란 살아 있는 생물처럼 어떤 구조를 가지고 있어서, 만일 그 구조가 깨지게 되면 의미를 잃게 된다. 마치 달걀을 깨뜨려 버리면 그 생명력을 잃게 되는 것과 같은 이치이다. 그런데 지금 우리는 불행하게도 지식을 부스러뜨려 가르치고 있다. 바로 눈으로 그 결과, 즉 성적을 확인하고 싶기 때문이다.

과연 누구의 잘못인가? 학교와 교사의 책임이라고 생각하기 쉽고, 또 그렇게 믿고 싶겠지만, 실은 학부모를 비롯한 세상의 요구에 학교가 마지못해 부응하고 있을 뿐이다. 알고 보면 성적이란 비교적 수량으로 측정하기 쉬운 부스러기 지식들에 관한 기억 정도를 평가한 결과에 불과하며, 그것도 서열화를 위해 여러 과목 점수를 합산하고 평균 내는 일처럼 무의미한 일도 없다. 그런데도 언제부터인가 우리 모두 '성적순이 곧 행복순'이라는 허위의식에 빠져 너도나도 점수 따기 시합에 매달려 왔다. 과연 누구를 위한 행복이며, 어떤 행복이란 말인가?

우리가 우리의 자식들에게 기대하는 '행복한 삶'이란 과연 어떤 것인가? '21세기를 살아갈 아이들에게 20세기의 교사가 19세기의 내용을 가르친다'라고 학교교육을 꼬집는 말이 있지만, 이는 학교교육보다는 오히려 가정교육의 경우에 더 적합한 말이 아닌가 싶다. 우리 기성세대가 자기 과거 삶의 경험만을 고집하는 경향이

지나친 것만은 사실이다. 지난 시절, '그게 밥 먹여 주냐', '배워서 남 주냐'라는 농반진반의 말이 유행처럼 쓰인 적이 있는데, 필경 가난한 탓에 제대로 밥 못 먹고, 공부하지 못해 맺힌 한의 표현일 것이다. 그 한이 유산처럼 남아 우리나라 교육열을 세계 최고로 만든 힘으로 작용했을 것이다.

 이러한 교육열이 국가 사회의 발전에 나름대로 기여한 바가 없지는 않을 것이다. 그 점에서 외국의 부러움을 사고 있고, 과외라는 특산품을 해외에 수출하기도 한 공로도 있겠으나, 이런 우리의 과도한 교육열이 과연 정상적인 것인가 회의가 따르기도 한다. 그것은 한편으로 학교교육이 오로지 사회경제적 지위향상의 수단으로 이용되고 있다는 뜻이며, 또한 경제적 풍요와 사회적 지위가 삶의 가치, 즉 행복의 유일한 척도로 인식되고 있음을 증명하는 것이기도 하다.

 물질적 풍요와 사회적 지위라는 행복의 척도는 우리의 전통적인 신분질서, 그리고 서구 자본주의의 논리가 어우러져 만들어진 것이라서 딱히 누구를 탓할 것이 못 된다. 그러나 그러한 진부한 척도는 이제 그 효력을 잃어 가고 있는 게 분명하다. 우리는 지금 행복을 보장해 줄 것으로 믿었던 부와 권세가 결과적으로 불행의 씨앗일 수 있다는 중요한 교훈을 생생하게 배우고 있는 셈이다. 행복은 멀리 있는 것이 아니라, 바로 우리 마음에 있다는 것은 단지 성현 군자의 말씀에나 나오는 이론이 아니라 우리 주변에서 얼마든지 확인할 수 있는 엄연한 현실이다.

무엇보다 세상이 달라지고 있다. 부모의 해묵은 가치 척도로 오늘뿐 아니라 내일을 살아갈 아이들을 재단하는 일은 오히려 모두의 행복에 장애가 될 수도 있다. 지금까지 자식사랑이라고 여긴 욕심과 집착을 내려놓고, 내 자식을 하나의 독립적이고 자유로운 인격의 주체로 인정하는 데서 출발해야 마땅할 것이다. 대상을 노예나 소유물로 여기는 순간, 그건 결코 사랑일 수 없기 때문이다.

앞에 얘기한 자연주의자나 예언자의 생각이 자칫 인간의 자율적 의지를 부정하는 결정론처럼 들리기는 하지만, 실은 오히려 인간에 대한 타율적인 통제와 구속의 잘못을 경고하는 뜻으로 해석해야 할 것이다. 인간은 이미 '결정된 존재'(being)가 아니라 '되어 가는'(becoming) 존재이며, 그 되어 가는 길의 판단은 자신이 아닌 그 누구도 대신할 자격이 없다. 이제라도 옛 어느 영화에서처럼 아이들이 '행복은 성적순이 아니잖아요'라고 절규하기 전에, 어른들이 먼저 그렇지 않다는 것을 가르쳐 주어야 한다. 비록 그들의 행복을 보장해 줄 수는 없더라도, 성적순이, 재산순이, 권력순이 곧 행복순이 아니라는 걸 가르쳐 주는 것이, 내 자식뿐 아니라 세상의 모든 자식들에 대한 최소한의 인간적 대접이 아닐까 싶다.

사랑하는 법의 공부

'사랑이란 무엇인가?', '공부란 무엇인가?' 인류 문화사를 통틀어 이만큼 끊임없이 천착해 온 화두도 드물 것이다. 세상의 가장 근원적이고 본질적인 물음일수록 모두가 해묵은 것들이라는 점에서 고루하고 진부하다고 여길지 모르나, 그보다 오히려 생뚱맞다는 반응이 더 일반적일 것이다. 이를테면, 뭐 '사랑?', '공부?' 그 뻔한 걸 왜 물어 하는 식의 반응일 것이다. 문제는 바로 누구나 그게 뭔지 다 알고 있다고 믿는다는 데 있다. 내가 한때 빠졌던 사랑이 곧 사랑이고, 내가 해 본 시험공부가 곧 '공부'의 전부라고 믿는 사람에게 그런 물음은 난센스일 수밖에 없다. 실은 거기에 바로 이런 근원적인 물음들이 다시 필요한 까닭이 있다.

사랑의 문제는 그것이 보이거나 만져지는, 시공간을 차지하는 '실체'가 아니라는 데서 어렵게 출발한다. 곧 이 문제가 존재의 문제가 아니라 의미의 문제라는 것이다. 즉, '사랑'은 우리가 일상적으로 사용하는 언어로서 의미가 있을 뿐이다. 따라서 문제는 바로 시대나 문화를 관통하는 '사랑'이라는 말의 본질적이고 보편적인 의미가 무엇인지를 찾는 일이 된다. 그러나 '사랑'의 용례가 시대와 문화, 개인에 따라 다양한 만큼 그 의미는 애매하고 모호할 수밖에 없다. 그동안 우리가 들어온 수많은 사랑 이야기들은 한결같이 희노애락이 중첩되는 모순을 보여 준다. '오 나의 태양'이 금세 '눈물의 씨앗'이 되거나, '님'이 어느새 '남'이나 '놈'이 되기도 하는 게 흔한 일이다.

과연 이런 모순들이 사랑의 본질적 의미에 기인하는 것인가. 그러나 알고 보면 그것은 모두 특수한 상황에 따른 개별적이고 특수한 양상에 따른 인간의 감정적 반응일 뿐이다. 그중 제일 흔한 양상이 '연애'라고 불리는 이성 간의 관계이다. 이런 사랑의 모습들이 대중가요 가사나 연속 드라마 등 통속문화 속에 넘쳐 나다 보니 그게 마치 사랑의 전형적이고 대표적인 양상인 것으로 인식되어 왔고, 우리 모두 그런 통속문화의 고정관념의 틀에 갇혀 사랑의 의미를 이해해 왔던 셈이다.

'사랑'의 본질에 접근하기 위한 선결과제는 바로 우리가 부지불식간에 가지게 이런 고정관념들의 정체를 밝히고 그 틀에서 벗어나는 일이다. 우선 문제는 사랑을 '성공한 사랑'과 '이루지 못한', 또는 아예 '이루어질 수 없는 사랑'으로 나누는 성취개념이다. '사랑'은 '달리다'와 같은 과업어이지, '이기다'와 같은 성취어가 아니다. 성취할 목표가 따로 없기 때문이다. 둘째로 특정 대상을 자기 혼자만의 소유가 되길 바라는 독점개념이다. 거기에는 필경 경쟁과 질시, 증오가 따르게 마련이다. 셋째, 사랑을 '주고받는 일'이라고 보는 거래개념이다. 주기만 하고 받지 못하는 '짝사랑'은 실패한 사랑으로 비극일 수밖에 없다. 실은 이렇게 이해관계가 얽히는 경우, 정확하게는 '공생'(共生; symbiosis) 관계에 해당한다. '자식사랑'이나, '부부금슬' 등이 그 대표적인 사례들이다. 이 경우 서로 간의 기대수준의 충돌로 인한 갈등의 소지가 많을 수밖에 없다.

그밖에도 '사랑'을 '하늘의 뜻'(천생연분)이라거나, '첫눈에 반해 빠지는 함정'으로 보는 운명개념, '불같은', '뜨거운', '열정' 등의 수식어로 대표되는 온도개념, 가깝고

멀고라는 거리개념, 또렷하고 희미하고라는 기억개념, 길고 짧고라는 시간개념 등이 얽히고 뒤섞여 사랑의 의미를 감각적이고 감정적이고 사적인 세계로 고착시켜 왔다. 이렇게 그동안 우리의 의식을 지배해 온 이러한 고정관념의 틀에서 벗어나는 순간 우리는 광대무변하고 심오한 '사랑'의 세계와 마주하게 된다. 그 세계는 비록 새로운 것은 아닐지 몰라도, 지금보다 훨씬 높고 깊으며, 넓고도 찬란한 세계임이 분명하다.

'사랑'을 누가 어떻게 정의하든, 그것이 사람의 의지와 정신이 작용하는 일이며, 또한 그것이 사람이라면 누구나 마땅히 추구해야 할 가치로운 '마음의 상태'를 뜻한다는 데 이론의 여지는 없다. '눈 먼 사랑'이나 '지독한 사랑'처럼 가치롭지 않은 사랑은 있을 수 없다는 뜻이다. 현대 사랑이론의 고전인 『사랑하는 법』(The Art of Loving, E. Fromn; 1956)의 문제의식도 바로 그것이었다. (흔히 『사랑의 기술』로 번역되고 있으나, 그 애매성에 논란이 있어, 개역하였다.)

프롬 역시 우선 네거티브 접근으로 시작한다. 첫째, 사람들이 '사랑하기'보다 '사랑받기'에 몰두하는 잘못,

둘째, 대상의 선택에 집착하는 잘못, 셋째, 사랑을 순간적인 경험으로 여기는 등의 잘못 때문에 사랑의 의미가 왜곡되었다는 것이다. 사랑은 어쩌다 빠지거나 그냥 얻어지는 게 아니라, 스스로의 노력, 즉 '사랑하는 법'을 공부한 사람만이 할 수 있다는 것이 프롬 사랑이론의 요지이다. 요즘 유행하는 '사랑은 아무나 하나'라는 말 같지 않은 말이 프롬에게는 말이 되는 셈이다.

그는 '사랑'이라는 마음의 상태를 위한 필요조건으로, '겸손한 자세', '객관성', 그리고 '이성'이라는 덕목을 꼽고 있다. 사랑의 장애가 되는 '자아도취' 같은 광기에서 벗어나기 위한 조건들이다. 심리학자로 알려진 그가 사랑의 문제를 도덕적이고 지적인 문제, 정확히는 교육적 문제로 접근하고 있다는 데 주목할 필요가 있다.

인간의 발달에서 가장 중요한 가르침, 곧 성숙하고 사랑하는 법을 아는 사람 가르치는 데 실패하고 있고, 이것이 우리 교육의 위급한 요인이다.

– 에릭 프롬

우리 교육계가 뼈아프게 받아들여야 할 명제임에 틀림없다. '사랑'이 최상의 인간가치임에도 불구하고, 그동안 우리 교육계가 그에 소홀하고 무심했던 게 사실이다. 아마도 '사랑'은 교육이 관여하기 어려운 비합리적 영역이라는 인식 때문이었을 것이다. 지금 교육에서 사랑이란 기껏해야 교사가 학생을 대하는 태도나, '애국'이나 '인류애' 등의 관념적인 덕목으로 떠돌고 있을 뿐이다. 이제라도 학교는 제대로 '사랑'을 가르칠 책임이 있다는 인식의 전환이 필요하다. 문제는 과연 무엇을 어떻게 가르칠지 아직 답이 없다는 것이다. 사랑을 내용으로 하는 새로운 교과를 개설하든가, 여러 관련 교과들 속에 사랑을 다루는 주제들을 보강하든가 하는 등의 여러 제안들이 예상되지만, 그동안 교육계가 그런 고민을 진지하게 한 흔적이 없다는 게 오히려 다행인지도 모른다. 우리가 가르쳐야 할 것은 '사랑에 관한 것'(중간언어; Bruner)이 아니라 '사랑하기', 즉 '사랑하는 법'이기 때문이다.

  사랑에 대한 학문적 관심은 인류 지성사의 초창기부터 제기되어 왔다. 그런데 그것도 교육이론의 경전이라

할 플라톤임에도 웬일인지 지금까지 제대로 주목받지 못해 왔다. 바로 서기전 4세기, 플라톤의 『잔치』(향연, Symposium)야말로 사랑이론의 원조이자, 사랑과 교육의 논리적 관계를 논한 최초의 텍스트임에도, 마치 신화시대의 전설처럼, '플라토닉 러브'라는 조롱 조의 이름으로만 떠돌았을 뿐이다.

『잔치』는 아가톤이라는 시인의 수상을 축하하는 잔칫날, 시인, 작가 의사 등 여러 하객들이 모인 자리에서, 돌아가며 사랑의 신인 에로스(Eros)를 예찬하는 연설과 대화로 구성되어 있다. 다섯 명의 연사들이 제 각기 서로 다른 관점에서 에로스의 성격과 역할을 현란하고도 복잡한 논리로 예찬하고 난 뒤에, 소크라테스가 나서서 앞선 사람들의 논리를 비판적으로 검토하는 장면으로 이어진다. 그런데 그 장면이 예사롭지 않다. 그는 앞의 사람들처럼 일방적인 연설이 아니라, '디오티마'라는 가상의 여인을 내세워 그녀와의 '문답'이라는 낯익은 방식으로 에로스의 정체를 밝히고 있다. 말하자면 큰 대화편 속에 작은 대화편을 담고 있는 셈이다. 그것도 소크라테스가 질문자가 아닌 응답자(학생)로 배역한, 전례

없이 절묘한 대화편이다(극작가로서 플라톤의 천재성을 엿볼 수 있는 대목이기도 하다).

아무튼 여인과의 문답을 통해 소크라테스가 확인한 에로스의 개념은 앞의 사람들의 견해와는 판이하다. 무엇보다 에로스는 완전무결한 신이 아니라 신과 인간의 중간적 존재라는 것이다. 그는 선하지도 악하지도 않으며, 아름답지도 추하지도 않으며, 지혜롭지도 무지하지도 않은 중립적 존재, 즉 선과 아름다움과 지혜가 결핍된 존재라는 것이다. 그리고 바로 그 결핍을 채우기 위해 사랑을 갈망하게 되었다는 것이다. 그래서 에로스는 운명적으로 이 세상의 선한 모든 것, 아름다운 모든 것, 지혜로운 모든 것을 사랑한다는 것이다. 그렇다면 과연 사랑이라면 이 세상의 모든 사랑이 모두 대등한 의미와 지위를 가지는 것인가? 속칭 '플라토닉 러브'의 의미와 관련해서도 해명되어야 할 의문이기도 하다. 이에 대한 디오티마의 목소리가 대신한 대답은 비교적 분명하다.

> 이 세상의 감각적(육체적) 아름다움의 한 예로부터 시작하여 이를 발판으로 삼아 최종 목표인 절대적 아름다움으로

올라가는 것, 육체적 아름다움에서 도덕적 아름다움으로, 도덕적 아름다움에서 지혜의 아름다움으로, 마침내 절대적 지혜의 절대적 아름다움에 도달하여, 그 아름다움이 무엇인지 깨닫는 일이 바로 사랑의 신비에 참여하는 올바른 길이다.

이렇게 사랑을 그 대상의 폭과 성격에 따라 다중적인 의미로 정의하고 있기는 하나, 위대한 사랑의 지향점도 제시되어 있다. 특수한 개별 사례보다는 보편적, 절대적 세계라는 폭의 확장 원리, 그리고 감각적 경험보다는 일반적인 진리라는 지적 고양의 원리, 그리고 영원성을 향한 시간적 연장의 원리들이 함축되어 있음을 알 수 있다. 그 결과 절대적 진리의 세계인 '지혜에 대한 사랑'(愛智; philosophy)이라는 위대한 경지에 다다르게 된다는 것이다.

여기서 '애지'란 지금의 '철학'만이 아닌 '학문', 또는 일반적인 지식에 대한 사랑을 통칭하는 뜻이며, 여기서 사랑이란 '탐구', 또는 더 일반적으로 '공부'라는 행위를 뜻하기도 한다. 물론 여기서 '공부'라는 말에는 그 공부한 지식의 원리에 충실한 삶의 자세까지를 함의한다고 보아야 한다. 예컨대 과학적 지식을 사랑한다는 뜻은 과학이 무엇인지 공부하고, 과학적 원리에 맞게, 즉 과학적으로 살아가는 자세, 그런 마음의 상태를 유지해야 한다는 뜻이다.

인간은 에로스처럼 결핍의 존재이기 때문에 그를 채우기 위해 지식의 사랑, 즉 공부를 필요로 하는 '애지자'(philosopher)로 살 수밖에 없다. 사랑에 완결이 없으니 공부에도 끝이 없어 그들은 평생을 공부하는 사람, 즉 학생으로 살아간다. 평생이 공부의 장이지만 그 중 학교는 좀 더 체계적이고 전문적으로 공부하는 학생들의 장이다. 흔히 '선생'과 '학생'이라는 두 집단으로 나누지만, 선생이란 공부를 먼저 시작한 학생이라는 뜻으로 학생이라는 신분에 큰 차이는 없다. '교학상장'(敎學相長)의 뜻처럼 '가르침'과 '배움'은 공부라는 하나의 두 양상에 불과하다.

학교는 또한 공부라는 사랑의 영원성을 담보하기 위한 출산의 현장이기도 하다. 출산에 산고가 따르기는 하지만, 여기서 출산은 반드시 자기 육신에 의한 출산일 필요는 없다. 적어도 '산파론'과 같은 플라톤 자신의 이론에 따르자면, 각자 스스로 지식을 출산하도록 돕는 '산파술'이야말로, 자기 자식인 지식을 사랑하게 만드는 최선의 전략일 수 있다. 바로 지식 사랑하는 법, 즉 공부법을 직접 보여 주는 것이 학교와 선생의 책무라고 하겠다.

이런 이야기가 우리 현실과 거리가 먼 판타지 동화나 공상소설처럼 들릴지도 모르지만, 그러나 조금만 열린 마음으로 보면 꼭 먼 나라 이야기만은 아니다. 지금 우리 학교는 이미 위대한 '지식의 형식들'(forms of knowledge)을 망라한 교과라는 공부의 내용을 다루고 있고, 이에 대한 적절한 공부법들을 여러모로 강구하고 있지 않은가. 그리고 미리 그 지식의 형식에 입문하여 '애지자'로서의 길을 선택한 선생들은 후배 학생들에게 자신들의 사랑법, 즉 공부법을 전수하려 애쓰고 있는 것이 사실 아닌가. 그리고 그들은 그런 자신의 삶에 긍지와 자부심을 가지고 행복해 할 것이다. 행복은 사랑의 유일한 보상이자 사랑의 확실한 증거이다 '사랑했으므로 행복하였네라'(유치환,

1967)라는 시인의 증언도 있지 않은가. 이것이 공상이 아니라 엄연한 현실, 바로 지금 우리 학교의 모습이라고 볼 수 있다. 이 점에서 우리 학교야말로 실패도 없고, 미움도 아픔도 없는 행복의 나라, 진정한 에로스의 전당임에 틀림없다.

학교를 위한 변명

'나는 평생 학교에서 별로 배운 게 없다'라는 어떤 유력 인사의 자전적 고백에, 그를 잘 아는 동기생이 '그 사람 수업시간에 별로 본 적이 없다'라고 증언해서 화제가 된 적이 있다. 한때 버릇없는 아이들에게 '학교에서 선생님이 그렇게 가르치더냐'라고 꾸짖는 어른들의 장면을 자주 볼 수 있었다. 모든 잘못을 학교 탓으로 돌리는 게 마음 편했을 것이다. 그나마 학교의 권위는 인정받던 시절의 이야기이다. 언제부턴가 이런 저런 누명으로 학교가 불신당하고 피고처럼 고발당하고 있는 마당에 학교에게 최소한 변론, 아니면 변명의 기회라도 주어져야 하지 않을까 싶다.

여기서 과연 '학교가 뭐길래?'라는 의문이 따르게 된다. 우선 확인해야 할 것은 '학교'의 본래적 의미이다. '학교'란, 배우는 사람, 즉 학생들이 모여 선생으로부터 세상을 배우는 곳이다. 세상 물정 모르는 어리거나 젊은 아이들(未成年)을 세상의 이치(文理)가 트인 (점잖은=젊지 않은) 어른(成人)으로, 즉, 교육받은 '교양인'(educated person)으로 가르치는 곳이다. 성인의 필요조건인 이성의 계발을 위한 온갖 지식들의 전문가(교사)들이 상주하는 곳이며, 그 의미에 충실하기 위해 일정한 규율과 제약이 필요한 곳이기도 하다. 이게 바로 우리가 상식적으로 알고 있는 정상적인 학교의 모습이다.

그러나 이런 학교의 모습은 이제 이상한 나라의 동화로 남게 되고 말았다. 근대 이후 '학교'라는 이름의 대중적 교육제도가 정착되면서 여러 가지 문제들이 드러나기 시작했다. 정권과 여러 사회집단들, 가족 중심의 개인들 간에 학교에 대한 기대와 욕구가 충돌하게 되었고, 학교는 그들로부터 자유로울 수 없었다. 학교가 정치 경제적 기관으로, 이해집단들의 도구로, 개인적 영달의 수단으로 여겨졌고, 학교는 이런 엇갈린 기대와 요구에 일그러질 수밖에 없었고, 그 정체성에 혼란을 겪게 되면서 여러 가지 역기능이 드러나게 된다. 때로 특정 정권의 요구에 굴복한 혐의도 있고, 일부 단체의 이념에 휘둘린 정황도 확인된다. 무엇보다 학부모의 가족중심 이기주의 욕구를 떨치지 못한 책임이 가장 크다고 하겠다.

이렇게 일그러지고 뒤틀린 학교에 대한 비판의 목소리는 어쩌면 당연하다고 볼 수도 있다. 학교 대중화가 세계적으로 정착되던 1960, 70년대, 그런 목소리가 들리기 시작한 것은 교육사의 필연이었을지도 모른다. '학교는 죽었다'(E. Reimer)는 학교의 일방적 사망선고도 나오고, '학교 없는 사회'(『탈학교론』, I. Ilich)라는 학교 해체론도 등장했다. 우리와는 먼 나라의 얘기인데도, 우리나라 일부 교육집단에서 이를 무슨 새로운 계시라도 되는 듯 반응했던 것은 한 편의 블랙코미디에 가까웠다.

학교에 대한 부정적 관점에도 갈래가 있다. 쉽게 나누자면 비판과 비난이다. 비판은 개선을 위한 조언으로 건설적일 수 있지만, 비난은 그 존재를 부정하고 싶은 파괴적인 관점이다. 그동안 학교에 대한 여러 목소리의 비판들은, 아마도 학교의 성장과 발전에 도움이 되었을 가능성이 크다. 그러나 학교의 본령을 부정하는 관점, 탈학교론 등 학교해체를 주장하는 관점까지 용인될 수는 없을 것이다.

학교를 부정하는 학교해체론은 무엇보다 먼저 잘못된 가정에 기초하고 있다. 가장 큰 문제는 온갖 사회적 부조리의 책임이 모두 학교에 있다는 가정이다. 이는 상관관계를 인과관계로, 그것도 원인과 결과를 거꾸로 인식하는 유치하고, 황당한 수준의 가정이다. 쉽게 말하면 갑과 을의 관계를 착각한 결과이다. 그들이 문제로 삼는 사회적 불평등, 학벌주의, 경쟁체제 등의 부조리가 과연 학교의 탓인지, 사회의 탓인지도 분간하지 못했던 것이다.

탈학교론은 얼마 뒤 이런 저런 논리적 허구성이 드러난 해프닝이 되고 말았다. 학교의 대안으로 그들이 꿈처럼 제안한 '지식 기술 거래의 네트워크'와 자유로운 소통이 극대화된 지금, 오히려 과잉소통과 과잉 공유로 몸살을 앓고 있는 현실에 과연 그들의 표정은 어떨지 궁금하다. 그러나 아직 학교에 대한 부정적 인식의 그림자는 여전히 남아 있다. 그중 대표적인 것이 학교가 인권과 자유를 침해하는 곳이라는 소박한 휴머니즘이다. 학교를 '감시와 처벌'(M. Foukault)의 현장으로 고발하고 싶은 원고들이 의외로 많은 게 사실이다. 언젠가

일기지도가 사생활 침해로, 복장, 두발 규제가 인권유린으로 비난받은 사례도 있다. 공적제도로서의 학교는 마땅히 규율과 제약이 필요하고, 따라서 개인적 자유에 제한이 불가피할 뿐만 아니라, 이는 시민교육의 차원에서 가르쳐야 할 내용이기도 하다.

자유가 인간의 천부인권이라는 데 의문의 여지는 없다. 그러나 거기에는 책임과 의무라는 조건이 따르게 마련이다. 즉, 자유를 누리려면 적어도 그 자유의 의미와 그 결과를 예견할 수 있는 지식과 의지가 필요하며, 바로 그런 자질을 가르치기 위해 학교가 필요한 것이다. 인간에게 '인간이 되지 않을 자유'는 없다. 무책임한 자유가 오히려 자유를 침해한다는 바로 '자유의 패러독스'라는 개념을 상기할 필요가 있다. 만일 학교가 학생에게 출석을 의무화하고 교사가 생활지도하는 일이 인권침해나 아동학대에 해당된다면, 학교는 당장 위헌적 제도로 해체되어야 마땅할지 모른다.

한편 여기에 소박한 실용주의자들의 학교에 대한 비난도 보태지게 된다. 학교가 당장의 생활에 쓸모없는, 고리타분한 이론적 지식을 가르치는 데 대한 비난은 한

때 '실용주의'나 '진보주의'를 표방한 급진적 추종세력에 의해 확산된 적이 있고, 오늘날 '교육개혁', '혁신학교' 등의 구호를 뒷받침하는 근거로 이용되기도 한다. 그런 구호가 주로 교육수요자들의 표를 의식한 정치적인 배경에서 나온 것임에도 불구하고, 이에 속는 줄도 모르고 언제나 새것이 좋은 것, 바뀌면 좋은 것으로 여기는 세태는, 어쩌면 새 장난감만 찾는 유아기의 지적 수준에서 비롯되는지도 모른다.

사람 사는 세상에는 바뀌어야 할 것도 많지만, 변함없이 지켜야 할 것도 많다. 바로 사람 사는 데 지키고 보존해야 할 가치를 전문적으로 담당하는 곳이 학교다. 거기는 '탐학호고'(眈學好古), '온고지신'(溫故知新), '법고창신'(法鼓創新)이라는 기본원리에 충실하는 게 마땅한 곳이다. 그럼에도 어느덧 대중의 이해에 따라 학교의 모습이 이리저리 흔들리고 일그러지기 시작했다. 그들에게 학교는 더 이상 지성의 전당이 아닌 개인적 이해와 실용의 도구로 여겨지게 되었고, 권력층의 관심도 그런 대중의 이해에 굴복할 수밖에 없었다. 그래서 학교는 마치 정부와 대중 모두에게 혁파되어야 할 오래 묵은 적폐처럼 취급받는 어두운 세월을 지내 오고 있다.

이런 온갖 모함과 핍박, 비난과 혐오에도 불구하고, 학교는 외견상 옛 모습 비슷하게 살아남아 버티고는 있으나, 알고 보면 그 속내는 어림없이 참담하기만 하다. 실은 우리 학교를 가장 절망하게 하는 것은 따로 있다. 바로 학교의 가장 가까운 파트너라고 할 수 있는 학부모들의 학교에 대한 불신 내지는 배신이다. 그들에게 '전인교육', '인성교육' 등은 공식 멘트용 수사에 불과할 뿐이다. 그들에게 학교는 오직 가문의 영광과 자식의 영달을 위한 방편으로, 진학이나 취업을 위한 성적관리 기관에 불과했고, 따라서 학교보다 성적관리에 유리하다고 선전된 개인교습이나 사설학원을 더 신뢰하게 되면서, 이른바 사교육 열풍이 일어나게 된다. 물론 거기에 그 '사교육'(私敎育)이 과연 교육인지, 아니면 그것이 교육이 아니라 '사이비 교육'(似敎育)이거나, 혹시 사람들을 홀리는 '사교육'(詐敎育)이나, '사교육'(邪敎育)은 아닌지에 관한 교육적 성찰이 있었을 리 없다. 다만 성적이라는 눈앞의 이해만이 중요할 뿐이다.

이렇게 학교는 사회 전반적으로 버림받고 불신당하

는 비참한 처지가 되고 말았다. 이런 온갖 누명으로부터 벗어나기 위해 학교가 할 수 있는 일은 과연 무엇인가. 내가 일찍이 제안해 온 '탈사회의 학교'의 뜻이 여기에 있다. 학교가 제 모습을 찾고, 자기 역할을 제대로 하려면 적어도, 교육의 의미에 어긋나는 여러 사회집단의 이기적 요구로부터 자유로워야 한다는 것이다. '탈학교론'에서처럼 '사회해체'를 도모하는 수준과는 차원이 다르다. 사회와 학교의 유기적 관계는 그 누구도 부정하거나 무시할 수 없다. 다만 그 가운데 교육의 논리에 어긋나는 정치 경제적 논리, 시장의 경쟁논리, 개인적, 집단적 탐욕의 논리로부터 벗어나 학교가 나름대로 자율성을 찾아야 한다는 뜻에서의 '탈사회의 학교론'이다. 맹자 어머니가 시장을 떠난 이치와 같은 맥락이다. 그래야 비로소 자유로운 공부가 가능하고, 그것이 곧 부패하기 쉬운 사회를 살리는 유일한 길이기 때문이다. 그리고 그 길만이 위에 거론된 여러 혐의를 벗고, 오히려 그들을 무고 혐의로 역고발할 수 있는 반전을 기대해 볼 수 있을 것이다.

  이런 제안이 학교 밖의 세력으로부터 쉽게 받아들여

질 리는 없겠지만, 그렇다고 쉽게 포기하거나 절망할 일도 아니다. 교육 전문가들은 학교라는 인류가 제도로 정착시켜 온 위대하고도 숭고한 유산을 지켜야 할 책무가 있다. 학교가 바로 서고, 교사가 제자리를 잡을 때 비로소 이 세상이 온전할 수 있기 때문이다.

 이런 이야기가 구차한 변명으로 들리는 사람들이 많을 게 분명하지만, 그들에게는 지금 이대로 세상의 파수꾼인 학교를 불신하고 교사의 권위를 무시한다면, 이 세상은 머지않아 무지와 야만의 암흑기에 빠질 것이 분명하다는 저주에 가까운 경고로 최후 변론을 마칠 수밖에 없다.

'마음의 행로', 교사의 행로

 우리가 어떤 것을 그게 무엇인지 알아본다는 것은 그것과 그것 아닌 다른 것을 구별할 수 있다는 뜻이다. 모든 인식은 이렇게 나눔을 전제로 한다. 이를테면 '선악', '진위', '선후' 등의 이분법에, 더 나아가 관념론과 실재론, 합리론과 경험론, 유심론과 유물론 등 수많은 이론적인 쟁점으로 이어져 왔다. 그리고 그 밑에는 이 세상을 바라보는 관점들, 예컨대 보이는 세상과 보이지 않는 세상, 영혼의 세계와 육신의 세계 등에 관한 대립적인 가정이 깔려 있다.

 이원론적 서양철학의 원조라 할 수 있는 플라톤에 따르면 우리가 살고 있고 알고 있는 '현상계' 즉 현생은 '그림자의 세계'인 허상에 불과하다. 그에게 우리 인간은 모두 기억상실증 환자들이다. 즉, 전생인 영혼계의 기억을 육신의 세계인 현생으로 넘어오면서 망각하게 되었다는 것이다. 영혼계에서 육신계로 넘어올 때 건너야 하는 '망각의 강'(lethe) 때문이란다. 따라서 우리 인간에게는 망각하고 있는 영혼계의 기억을 상기하고 회상해야 할 업보가 있다는 것이다. 바로 그것이 지식을 탐구하는 일이며 각자 스스로 상기, 회상할 수 있도록 도와주는 일이 바로 교육이며, 교육자의 사명이라는 것이다.

이 망각과 기억, 또는 기억상실의 문제는 실은 고답한 이론적 주제로서보다는 오히려 신파조 멜로드라마의 소재로 우리에 친숙하다. 그 대표적인 고전 중의 하나가, 지난 세기 많은 사람들의 심금을 울린 〈마음의 행로〉(J.1Hilton의 소설 『random harvest』, 1941이 원작)라는 영화일 것이다.

스토리는 1차 대전이 끝난 영국의 작은 도시, 전쟁의 상처로 기억상실증과 실어증으로 군 병원 수용소에 갇혀 있다 탈출한 한 남자가 유랑극단 무희인 폴라라는 여인을 만나면서 시작된다. 그녀는 그의 어려운 처지를 이해하고 동정 반 애정 반으로 그와 함께하기로 결심, 직장도 버리고 한적한 시골에 정착하여 살림을 차린다. 결혼식도 올리고 아기도 출산하고, 비록 가난하지만 꿈같이 행복에 겨운 몇 년이 지난 뒤, 반가운 그의 취업

소식이 전해진다. 큰 도시의 신문사로부터 연락을 받고 기쁜 마음으로 집을 떠난다. 그러나 그 이후 그는 폴라가 기다리는 그 집으로 돌아오지 못했다.

대도시에 도착한 그는 비 내리는 거리에서 교통사고로 의식을 잃고 쓰러진다. 곧 의식을 찾았으나, 그때까지 상실했던 시기의 기억은 살아난 반면, 폴라와 함께한 기간의 최근 기억이 사라진 것이다. 그는 실은 명문가 집안의 상속자인 찰스로 밝혀져 곧 대기업의 최고 경영자로 새 사람이 되었던 것이다. 그럼에도 그의 생활이 행복한 것만은 아니었다. 사라진 기억에 관한 의문이 그를 괴롭혔기 때문이다. 유일한 단서는 사고 당시 그의 호주머니에 간직했던 의문의 열쇠뿐이었다.

언제부터인가 그는 새로 채용한 헨슨이라는 여비서에게 많은 도움을 받으면서, 그녀에게 호감을 가지게 되었다. 마침 주위의 권유로 정계에 진출하게 되면서 헨슨에게 동반자가 되어 달라며 청혼을 한다. 헨슨은 감격의 눈물로 이를 수락하지만, 그 눈물의 의미는 더 복잡한 것이었다. 헨슨은 실은 폴라가 위장한 다른 신분이었던 것이다.

그녀는 돌아오지 않는 남편을 기다리다 못해 어렵게 수소문한 끝에 그간의 사정을 알게 되었고, 치밀한 계획으로 자신을 숨긴 채 그와 가까이하기 위해 비서 자리를 노렸던 것이다. 그녀는 그가 스스로 자신과의 기억을 되살리는 데 도움이 될 만한 여러 단서들을 통해 그 스스로의 기억 회복을 기대하고 여러 가지 시도를 해 보았으나 번번이 실패하면서 실망이 커져만 갔다. 그의 청혼이 당장은 반가웠겠으나, 이미 남편인 사람으로부터의 청혼이며, 그 청혼의 대상이 폴라 자신이 아닌 헨슨이라는 이름의 제삼자라는 데 오히려 더 절망이 컸을지 모른다. 그래서 그 결혼에 폴라가 회의적일 수밖에 없었고, 결국 비극적인 결말로 끝나는 듯한 분위기도 보인다. 폴라의 장기 해외여행 계획이 그것이다. 그러나 멜로드라마엔 언제나 반전이 있게 마련이다.

폴라의 여행을 배웅한 그날 찰스는 지방 한 회사의 파업사태를 해결하기 위해 출장을 간다. 그런데 초행인 줄 알았던 그곳이 초행이 아니라는 사실에 놀란다. 하나씩 낯설지 않은 모습들이 떠오르기 시작했던 것이다. 얼마 뒤 그는 어느 한적한 시골 작은 집 앞에 서게 된다. 그리고 간직하고 있던 의문의 열쇠를 꺼내 문을 연다. 어둠에 갇혀 있던 전생, 즉 영혼계의 기억이 살아난 순간이다. 그때 뒤에서 '스미스'라는 옛 이름을 부르는 여자의 목소리가 들리고. 뒤를 돌아본 그의 입에서 '폴라'라는 응답이 자연스럽게 나온다. 그녀는 해외여행을 떠나기 전 마음을 정리하기 위해서 마지막으로 옛 시골집을 찾았던 것이다. 이렇게 '스미스'와 '폴라'의 감동적인 재회는 세기의 명장면으로 많은 사람들의 가슴에 울림을 남기게 되었다.

과연 우리가 기억해야 할 것이 그들의 이 재회 장면뿐일까. 정작 우리에게 감동적인 것은 주인공 폴라의 행로, 그녀의 마음의 행로가 아닌가 싶다. 앞에서 말한 이분법으로 보자면 그녀는 기억하는 세계의 사람이며 스미스는 망각의 세계에 살고 있는 사람이다. 폴라는 스미스가 망각한 영혼의 세계를 알고 있는 사람이다. 마치 무지몽매한 아동들이 잊어버린 영혼의 세계를 알고 있는 교사의 위치와도 같다. 바로 그 점에서 그녀가 보여 준 행로는 교사의 행로에 여러 가지 시사하는 바가 크다.

어찌 보면, 그녀의 행로는 지식의 산모가 아닌 산파로서의 교사의 길이라는 소크라테스의 '산파론'도 연상케 하며, 대답의 제시자가 아니라 스스로 탐구, 발견하도록 도와주는 안내자라는 근 현대 교수학습이론과도 일맥상통하는 것으로 볼 수 있다. 또한 그녀는 그 길이 순탄치 않을 수 있다는 것도 헤아린 것으로 보인다. '자기를 감추어 드러내지 않는 덕은 결코 쉽게 얻을 수 없다'(難得糊塗)는 옛 경구가 떠오르기도 한다.

상대의 지워진 기억을 되살리기 위한 온갖 노력에도 불구하고, 별 반응이 없을 때, 그 좌절감은 철부지 아이들을 대상으로 하는 우리 교사들에게 낯설지 않다. 주인공 그녀는 그가 아직도 망각한 영혼의 세계에 대한 관심과 미련을 버리지 않고 있다는 믿음으로 희망을 가지고 기다릴 수 있었다. 바로 이런 믿음이 교사의 행로에서 가장 중요한 덕목일 것이다. '참고', '기다리는' 마음의 행로야말로 교사가 교육이라는 드라마에서 해피엔딩을 이끌어 내기 위한 최선의 행로일 것이다. 여기서 우리는 '진실을 알려 주기보다 인내심을 가지고 진실로 가는 길을 안내하는' 교사의 행로라는 메시지를 읽어 내야 할 것이다.

(원작자인 Hilton은 한 교사의 행로를 그린 『굿바이 미스터 칩스』(1934)의 저자이며, 이 작품 역시 여러 차례(1939, 1969, 1984, 2002) 영화화된 바 있다.)

교직과 여가

 요즘 사람들 만날 때, 첫인사에 '정신없이 바쁘다'며 한숨 쉬는 사람이 많다. 대개는 요즘 세상이 그러려니 넘기지만, 그 말을 현직 교사들한테서 들을 때는 슬며시 화가 나고 속이 상한다. 누가 뭐래도 교육은 교사의 전문적인 일이고, 적어도 '정신없이' 하면 안 되는 일이라는 생각 때문이다. 물론 화낸다고 될 일은 아니고, 그게 무슨 뜻이며, 무엇이 문제인지 따져 볼 일이다.

 '정신없다'는 한자 말에 '잊을 망'(忘)과 '바쁠 망'(忙)이 있다. 둘이 모습도 비슷하고 뜻도 겹치기는 하지만, 전자가 기억을 잃는다는 뜻이라면, 뒤의 '망'은 기억할 시간마저 없다는 뜻이라는 데 차이가 있다. 그리고 잃은 기억은 다시 회복할 수도 있으나, 잃은 시간은 되돌리지 못한다는 점에서 의미의 무게가 사뭇 다르다. 과연 요즘 교사들이 말하는, '정신없음'이 어떤 의미일지 짐작이 간다.

현대 산업사회에서 '빠름'과 '바쁨'이 강조되는 것이야 당연하다 하겠으나, 그게 곧 '부지런함'이라는 미덕처럼 굳어지게 되는 데는 문제가 있어 보인다. 동시에 '느림'이나, '여유', '한가함'(閒, 閑)이 곧 '게으름'이라는 악덕으로 비난받아야 하는지도 쉽게 수긍하기 어렵다. 빠름과 바쁨이 부지런함이며 느림과 여유가 게으름이라는 이 등식은, 마치 토끼와 거북이, 시계의 초침과 시침과 같은 사실적 차이의 문제를 가치의 문제로 착각하는, 이른바 '자연주의의 오류'임에 틀림없다.

'정신없다'라는 표현이 스스로 인정하듯이, '바쁨'과 '한가함'은 실은 그 '정신'의 주인에게 달려 있다. 결국 그 정신의 주인이 시간을 부리는 시간의 주인인지, 아니면 시간에 쫓기는 노예인지가 문제인 것이다. '한가로움'의 한자인 '閑'과 '閒', 모두 외부와의 단절(閉門)과 그 안에서 안락(月, 木)을 찾는다는 의미를 상형하고 있다. 즉, '문 닫으니 거기가 깊은 산중'(閉門而深山)이고, 거기에 달이나 나무를 즐기는 형상이며, 이 모두가 결국, 정신, 곧 마음의 상태와 관련되어 있음을 말해 주고 있다. 여행마저도 방 안에 '드러누워'(臥遊江山) 즐긴다 하지 않았는가. '모두가 오로지 마음의 조화'(一切唯心造)인 셈이다.

 사람이 바삐 사는 것이야 예나 지금이나 다를 리 없다. 짧은 인생이 아닌가. 그래서 예부터 정신없이 바삐 사는 사람들이 많았을 것이다. 그를 경계하는 옛말이 많이 남아 있는 것만 보아도 알 수 있다. '세상만사가 이미 정해져 있거늘, 부질없는 사람들이 쓸데없이 바빠 한다'(萬事分已定, 浮生空自忙, 『銘心寶鑑』)라든가, '한가로움이 바로 신선'(閑卽是仙), '빨리 가려 욕심내다 못 다다를 수 있다'는 경구들이 그 대표적인 예들이다. 모두 구닥다리 옛말들이지만 '옛말 중에 그른 말 없다'는 옛말은 아직 유효하다. 하기는 요즘 들어 부쩍 여가에 대한 관심이 높아진 것 같기는 하지만, 이런 본래적인 의미에 부합되는지는 의문이다. 오히려 '여가생활'이라는 또 하나의 일거리가 늘어난 것은 아닌지 모르겠다.

 교육의 의미가 원래 '여가'에 그 뿌리를 두고 있다는 사실은 교육의 역사를 통해 쉽게 확인할 수 있다. 이는 서양의 경우, '학교'(school)의 어원이 'skole'(leisure)에 있었다든가, 전통적인 '자유교양과'(liberal arts)가 비교적 한가로운 자유시민을 위한 이론적 지식을 중심으로 했으며, 동양이나 우리의 경우도 이와 비슷해서 실생활과 거리가 먼 고전이나 경전을 중심으로 한 선비 양성을 목표로, 그것도 산속의 서원처럼 비교적 한적한 곳에서 이루어졌다는 사실들이 말해 준다.

전통적으로 '여유'와 '한가함'이 교직의 대표적인 미덕 중 하나로 꼽히기도 했고, 이를 정당화하는 담론도 있었다(G. Highet, *The Art of Teaching*; 1950. 김안중, '교사의 미덕으로서의 여가', 서울대, 『교육이론』; 1994). 모두 '가르치는 일'과, '배우고 공부하는 일'의 본질적 성격에 관한 논의들이었다. 그러나 이제 이런 생각이나 말들은, 이 번잡하고 황망한 세상의 소음에 묻혀 들리지 않는다. 빛바랜 교육사 책 속에 그 흔적이 남아 있는 것만 해도 다행이다.

사회 경제적 상황의 변화에 따라, '일'과 '여가'에 대한 인식이 반전되면서, 한때 형벌로까지 비하되던 '일'이 최고의 가치로 축복받게 된 반면, 향유되어야 할 미덕으로 추구되던 '여가'나 한가로움은 사치나 나태로 추락하게 되었다. 알고 보면 우리에게 '일'과 '쉼', 또는 '일'

과 '놀이'의 관계가 '쉬엄쉬엄 일하라', '놀메, 놀메 일하라'는 옛말에서 알 수 있듯이, 반드시 대립적인 뜻이 아니라는 걸 잊은 탓이다. 그리고 이런 세상의 물정이 그대로 교육에 재빨리 반영되어 교육의 목표, 내용, 방법 등에 큰 변화를 가져오게 된 것은 물론이다. 그리고 그에 따라 정숙하고 한가로움의 상징이던 교육의 장(학교)은 이제 저잣거리만큼이나 소란하고 혼잡한 동네로 탈바꿈하였다.

이러한 학교의 변모에는 알고 보면 다소 복잡한 배경이 있다. 우선 교육의 대중화에 따른 교육 수요자 집단의 다양화가 가장 큰 요인이다. 교육기회가 여러 계층, 다양한 집단으로 확대되면서 그들의 다양한 요구와 기대를 수용하기 위해 교육 시스템이 복잡해질 수밖에 없었던 것이다. 그리고 여러 세력들의 서로 다른 집단이기주의 목소리가 뒤섞이면서 소란스럽지 않을 수 없었다. 이뿐만 아니라 방대해진 교육을 관리하기 위해 교육이 공적 제도로 정착하면서 교육의 공공적 기능이 추가되었다. 즉, 인적자원의 양성과 선발, 배치를 고스란히 교육의 책임으로 떠맡게 된 것이다. 자연스레 선발을 위한 성취도 평가가 최우선 과제가 되었고, 이른바 '줄 세우기'라는 고난의 대역사(大役事)가 시작되었던 것이다.

　지금의 일그러진 학교의 모습에 시대 상황이라는 교육 외적 요인이 크게 작용했다는 데 이론의 여지는 없다. 그러나 과연 그 시대 상황이나 외부 세력의 압력에 교육계가 어떻게 대응했는지 따져 보다 보면, 실은 놀랍게도 교육 안에서 교육의 변질을 자초한 혐의가 짙다는 것을 알게 된다. 스스로 시대나 대중의 이해에 영합하기 위해, 교육이 여러 가지 목적을 위한 효율적인 수단임을 강조하면서 교육을 다목적 상품으로 선전해 왔다는 증거들이 충분하다. '국가발전', '경제성장' 등을 내세운 '발전교육론'과, 교육의 가치중립을 표방한 공학적 모형 등이 대표적이다. 그것이 교육의 본질, 주체성과 전문성 등을 부정하는 일이며, 그로 인해 뒤따라 올 재앙을 미처 깨닫지 못했던 탓이다. 그리고 그 잘못이 점차 확대 재생산되고 있다. 그동안 '○○교육'이라고 교육을 수식하는 데 쓰인 광고문구 비슷한 여러 구호들도 실은 교육의 정신을 흐리게 해 온 적폐 가운데 하나가 아니었나 싶다.

지금 이때야말로 교육이 잠시 모든 일을 멈추고 조용히, 좀 여유롭게, '나는 과연 무엇인지', 자신의 정체성을 성찰해 볼 때가 아닌가 싶다. 시대의 변화에도, 대중의 온갖 이해와도 초연하게 흔들리지 말아야 할 교육의 본질과 가치는 무엇인가 찬찬히 물어야 한다. 교육은 시대의 종속변인이 아니라 세상을 교육해야 하는 주체이기도 하기 때문에 더욱 그렇다. 따지고 보면 세상 탓을 하기 전에, 지금 이 세상을 이처럼 정신없고 번잡하게 만든 일차적 책임이 교육에 있다고 고백할 수밖에 없다. 그동안 교육 스스로 정신 차리지 못한 탓이 가장 크다.

시끄러운 가운데서도 귀를 잘 기울이면 작은 목소리도 들을 수 있고, 때로는 낮은 소리의 울림이 더 클 수도 있다. 용케도 근래 가끔 그런 목소리가 들리는 게 반갑다. 현대인들에게 악덕으로 관념화된 '느림'이나, '게으름'이 실은 미덕일 수 있다고 예찬하는 목소리들이다. 그 가운데 내가 가장 공감한 목소리 하나를 소개하려 한다. 벨기에의 학자이면서 카톨릭 사제인 러끌레르끄 (J. Leclercq; 1891-1971) 신부의 『게으름의 찬양』(Eloge de la presse; 장익 역)이 그것이다. 이 글의 번역자이자, 저자의 제자인 장익 신부의 소개대로, 그는 젊은 학생들보다 더 진보적이었고, 노장사상을 이해할 정도로 동서를 넘나드는 자유로운 지성이었다고 한다. 그러나 무엇보다도 중요한 것은 그의 메시지가 현대 문명의 부조리와 그 속에서 부대끼고 있는 우리 삶의 비루함을, 따뜻하게, 그러나 아프도록 날카롭게 성찰하고 있다는 점이다.

이 시대 치열한 삶을 자랑하지만, 그 치열한 삶이란 실은 소동의 삶에 지나지 않습니다.

경주에 경주를 거듭한다는 것은 산에 산을 포개는 게 아니라 바람에 바람을 포개는 꼴입니다.

일이나 힘씀은 쉼에서 비롯되고 쉼에서 그쳐야 하고, 위대한 업적은 뛰면서는 이루어질 수도 음미될 수도 없습니다.

- 러끄렐르끄

'경쟁'이 생물의 본능이자, 진화의 동력이라는 시각도

있지만, 인간 사회의 경우 '경쟁'은 원죄와도 같은 굴레임에 틀림없다. 그것도 나날이 심해진 나머지, 이제 살기 위한 방편이 아니라, 아예 삶의 목적으로 전도되고 있는 형편이다. 즉, 경쟁하기 위해 사는 꼴이 된 것이다. 경쟁의 여러 양상 중에서 가장 원색적인 것이 경주장으로, 거기에 경쟁사회의 모순들을 고스란히 드러내 보여 준다. 경주는 우선 생각할 시간을 허용하지 않는다. 결과만이 중요할 뿐 그 과정은 도외시된다. 생각은 경주의 방해 요인일 뿐이다. 경마장의 말을 떠올리면 금방 연상이 된다. 그 말들이 과연 지금 자기가 왜 뛰고 있는지, 어디까지 뛰는지, 그래서 얻는 게 무엇인지 생각할 겨를이 있겠는가. 인생이라는 길고 먼 경주에서, 이제 막 학교라는 첫 경주장, 그것도 첫 라운드인 초등학교에 들어선 우리 아이들의 처지는 과연 어떤가.

지금 이 순간만은 세상에 다른 아무것도 없는 듯이, 마치 시간이 멈춘 듯이, 순간이 그대로 머무는 가운데 우리 안에 영원이 태어나는 듯이, 여기, 지금 잠시만 있어 보십시다.

우리 영혼의 평화를 찾읍시다. 그리고 이 세상 사랑이 내려 있다는 것을 생각하십시다.

- 러끌레르끄

결국 이 어지러운 세상에 대한 그의 처방인 '게으름'이란, 다름 아닌 '평화로운 영혼', '마음의 평정상태'를 뜻하는 것으로 해석된다. 알고 보면 이는 새로운 것이 아니라, 이미 여러 분야에서 강조되어 온, '명상'이나 '선'(禪), 또는 노자의 '무위'(無爲) 개념과도 상통한다고 볼 수 있다. 다만 그는 이를 관념적이거나 종교적인 차원이 아니라, 현대인들의 일상적 삶의 장면으로 구체화하고 있다는 점에서 울림이 다르다. 역시 중요한 것은 모든 관건이 우리의 '마음'에 있다는 사실이다. 물리적으로 이 세상을 경쟁이 없는 낙원으로 만들 수는 없겠지만, 적어도 논리적으로는 가능할 수 있다. 마음과 마음들이 모이면 그게 바로 세상이 아니겠는가. 만일 이 세상 사람 모두가 마음으로 이 세상을 정말 낙원이라고 생각하는 순간, 거기가 바로 낙원이 아니고 무엇이겠는

가. 그것도 작위적인 '힘씀'이 아니라, '게으름', 즉 '무위'로 가능하다니 더 희망적이지 않을 수 없다.

 이제 게으름을 찬양하자는 이 신부님의 간결하지만 간절한 메시지를 교육 판으로 해석하여, 그 골자를 정리해 보면 어떨까. "교직자의 게으름은 찬양받아 마땅하다. 그래야 교육이 정신 제대로 차려 바로 서게 되고, 학교도 경주장이 아닌 작은 낙원 동산으로 바뀌게 된다. 그리고 거기서 제대로 교육받은 이들이 만드는 세상이 곧 낙원이다."라고 요약될 수 있지 않을까. 참으로 아름답고도 위대한 프로젝트가 아닐 수 없다. 그 실현성 여부는 우리 모두에게 달려 있으니 미리 알기는 쉽지 않다. 다만 여기서 한 가지 중요한 전제는 조급하게 서두르지 말아야 한다는 것이다. '조급증'이야말로 낙원으로 돌아가는 데 결정적인 걸림돌이라는 충고를 되새겨야 할 것이다.

스승의 오솔길

 '스승의 날, 스승의 노래는 있지만 스승은 없다'는 우스개 조의 말을 그냥 웃어넘길 수만은 없다. 정말이지 이제 '스승'이란 말은 고어가 되어 머지않아 오직 고고인류학의 주제로 남게 될지 모른다. 언젠가부터 '스승이 없다'고 한탄하면서, 그것을 마치 가르치는 선생의 책임으로 몰아가는 시각이 있어 온 게 사실이다. 그러나 '스승'이라는 말은 '제자'라는 대상과의 관계를 전제로 한다는 점에서, 그것을 선생이나 학생 어느 일방의 탓으로 돌릴 수는 없다. 스승이 없다는 말은 곧 제자가 없다는 뜻이기도 하다. 과연 스승 제자 관계 해체의 원인은 무엇이고 그 복원은 가능한지 묻지 않을 수 없다.

 자기 경험을 후대에 전수하는 교육이야 선사시대부터의 일임에 틀림없고, 그때 앞 세대 모두가 가르치는 사람, 즉 교육자였던 셈이지만, 그 일이 정식 직업으로 여겨지게 된 것이 언제인지는 분명치 않다. 흔히 서양

고대 그리스의 소피스트들이 그 원조라고 알려져 있지만, 그들에게 오늘날의 직업개념은 없었을 것이다. 중세 수도원 학교의 성직자들이나. 우리 옛 서당의 훈장이 그랬던 것처럼 직업인으로서의 의미보다는 재능기부거나 봉사의 뜻이 강했을 것이다. 아무래도 가르치는 일이 자격을 갖춘 공식적인 직업의 하나로 인정받게 된 것은 학교가 공교육체제로 제도화된 근대 이후의 일임에 틀림없다.

공교육이 대중화되면서 학교가 대형화하고 다인수 학급이 늘어나면서 교육현장이 국가정부의 관료적 통제와 관리가 필요했고, 이에 따라 교직의 자율성과 전문성은 위축되지 않을 수 없었고, 게다가 교육과정이 세분화되면서 단편적인 지식 전달에 매달리는 소외된 고용직 임금 노동자쯤으로 여기는 인식마저 공감을 얻는 형편이 되었다.

이런 과정에서 교직에 대한 사회적 인식이 어떻게 변화했을지도 쉽게 짐작할 수 있다. '스승의 그림자도 밟지 않는다'던 옛 시절도 있었지만, 이제 '군사부'(君師父)가 '두사부'(頭師父)로 두목과 맞먹는 조롱거리가 되거나,

'꼰대'라는 비속어로 지칭되는 게 일반화된 형편이다. 옛사람들이 '선생의 뭐는 개도 안 먹는다'고 한 말은 원래 '개도 선생에 대한 예를 안다'는 뜻이었겠지만, 언젠가부터 '가난한 선생의 것이라 영양가가 없어서'라거나, '아이들에 속 썩은 탓에 맛이 나빠서'라는 해석이 오히려 공감을 얻기도 했다. 교직에 대한 사회적 인식의 극명한 차이를 보여 주는 대목이다.

물론 이런 세태의 흐름을 무시할 수는 어려울지 모른다. 그렇다고 현실이 본질을 바꿀 수는 없지 않은가. 선생을 '꼰대'라고 보는 무례한 인식에, 선생이 스스로 세상이 그래서 그러려니 넘기는 것은 너그러움이 아니라, 본분의 망각이라고 보아야 한다. '꼰대'라는 말에는 배울 대상이 아니라는 뜻을 함의하고 있기 때문이다.

남을 가르치는 교직자라면 누구나 '꼰대'가 아니라, '스승'으로 대접받아 마땅하고 그러기를 바라지만, 스승이 되기 위한 비결이 따로 있지도 않을 뿐만 아니라, 억지로 스승이 되려고 애쓴다고 될 일도 아니다. 누가 누군가를 스승으로 여긴다는 것은, 적어도 그로부터 지식이나 기술의 전수만이 아니라 무언가 인간적인 감화가 있었다는 뜻을 함의하기 때문이다.

나이 든 영화 애호가라면 스승 이야기와 관련해서 금방 떠오르는 주인공들이 있을 것이다. 아마도 그중에는 필경 〈언제나 마음은 태양〉(To sir with love)의 색커리 선생이나 〈죽은 시인의 사회〉(Dead poet society; 1989)의 키팅 선생, 또는 〈코러스〉(Chorists; 2005)의 마티유 선생 등이 있지 않을까 싶다. 이들 이야기들이 모두 실화를 바탕으로 했다는 사실에 관객들의 호응이 더했을지 모른다.

흑인 교사인 색커리 선생은 영국 빈민가 학교의 반항기 문제아들에게 온갖 냉대와 수모를 당하면서도 끝가지 인간적인 접근으로 여러 파격적인 소통방식을 통해 그들의 마음을 열고, 마침내 그들에게서 '스승님께 사랑을'(To sir with love)이라는 찬가를 듣게 된다.

키팅 선생은 명문대학 입시라는 인습의 틀에 갇혀 신음하는 학생들에게 '죽은시인협회'(영화 제목의 '사회'는 오역임)라는 동아리 활동을 통해 자아를 되찾고 자신의 미래를 꿈꾸게 해 준 '대장'(captain)으로 인정받게 된다.

마티유 선생은 프랑스 전쟁 후의 절망적인 보육원학

교 아동들을, 여러 난관과 곡절을 이겨 내고 성공적인 합창반 단원으로 이끌어, 음악을 통한 자아실현이라는 희망의 미래를 열어 준 진정한 '지휘자'(conducter)로 추모된다.

과연 이들이 이렇게 관객들의 감동을 끌어낼 수 있었던 힘은 무엇일까. 이들 이야기의 시대나 무대, 등장인물들의 스타일은 제각각이지만, 몇 가지 점에서 닮은 점을 찾아 볼 수 있다. 세 경우 모두 열악하거나 부당한 환경 속 아이들의 미래를 위해 현실에 맞서는 주인공들이, 인습에 젖어 사는 사람들에게 문제교사로 외면당하게 되지만. 그 무엇도 그들의 삶의 행로를 가로막을 수는 없었다는 사실이다. 그들은 교육, 즉 아이들의 미래의 삶을 위해 헌신하기로 작정하고 거기서 삶의 의미, 그 즐거움과 행복을 찾는 사람들이었기 때문이다. 이런 삶의 모습에 가슴의 울림(感動)이 없는 사람이라면 그야말로 이상한 인간임에 틀림없을 것이다. 이것이 바로 낙업(樂業)정신의 위대함이자 아름다움이 아니겠는가.

이런 영웅적인 스승상이 아니더라도 우리 주변에도 알게 모르게 스승과 제자 간의 아름다운 스토리들이 숨어 있을 게 틀림없다. 한때 스승 찾는 프로그램이 인기를 끌기도 했다. 알고 보면 스승의 길이 그리 멀다고 여길 필요는 없다. 금아 피천득 선생은 퇴직하는 자리에서 자신의 교직인생을 '꽃밭에서 놀았다'고 회고했다. 이렇게 남을 가르치는 일은 누구에게는 꽃놀이거나 즐거운 소풍일 수도 있고, 누구에게는 지휘자 마티유 선생처럼 예술창작의 과정일 수도 있고, 또 누구에게는 스스로 걷는 수행의 길(修道之謂敎 『中庸』)일 수도 있지 않겠는가. 이 모두 낙업의 경지에 해당할 것이다.

결론적으로 말하자면 교직자가 스승이 되기 위해 할 수 있는 유일하고도 최선의 길은 자신의 교육적 삶, 공부하고 가르치고 배우는 삶의 즐겁고 행복한 모습을 몸과 마음으로 보여 주어 상대방인 학생의 몸과 마음에 전하는 일이라는 것이다. 그렇다고 그것으로 스승의 필요충분조건이 갖추어진다고 보기는 것은 어렵겠으나, 어쩌면 내가 할 일 다 하고 나서 남의 마음 기다리는(盡己事待人心) 일도 즐거움의 하나일 수 있지 않을까.

스승의 길은 아무래도 화려하게 단장되거나, 넓게 포장된 대로는 아니겠으나, 그렇다고 무슨 험난한 가시밭

길일 리도 만무하다. 그 길은 아마도 동네 구석의 작은 숲으로 이어지는 한적한 오솔길에 비견할 수 있지 않을까 싶다. 그런 길이야말로 스승이 제자와 함께 오손도손, 유유자적 즐기며 걷기에 제격일 것이기 때문이다.

저자 후기

표제에 '에세이'라 했지만, 실은 흔한 회고록과 크게 다르지 않다. 다만 저자 개인사의 회고가 아니라, 평생 매달려 온 교육, 특히 강의내용에 관한 회상이라는 데 차이가 있을 뿐이다. 그리고 단순한 회고뿐 아니라, 여러모로 아쉬웠던 저자의 교직 인생에 대한 성찰의 의미도 담겨 있는 셈이다.

이 세상에 굳이 흔적을 남기지 않으려 살아온 저자에게 이번 일은 쉽지 않은 결심이었다. 이제 나이 들어 기억력이 감퇴한 후학들, 지금은 교육계의 원로로 활약하고 있는 옛 수강생들의 성화가 있었지만, 과연 과거를 추억하려는 그들의 기대를 충족시킬지도 의문일 뿐 아니라, 평생 교육과의 인연을 끊지 못한 노욕으로 비칠까 염려되었기 때문이었다. 그러나 점점 낯설어 가는 옛 고향길 한번 다시 찾아 돌아보고 싶은 가벼운 심정으로 용기를 내었다.

흘러간 옛이야기이기에 새로울 것도 없고, 세상에 이로울 리도 없다. 가물가물 희미해져 가는 옛 수업 장면의 조각들을 간신히 주워 모으고, 이리 저리 보태어 얽어맨 넝마 보자기 모양이 되었지만, 부디 후학들의 기억을 되살리는 단서가 되어 주기를 바랄 뿐이다. 그나마 한 가지 위안은, 어느 해 수업시간에 '어린 왕자'를 거론하다 시간이 모자라, 나중에 글로 대신하겠다는 약속을 이제야 뒤늦게나마 지키게 되었다는 것이다. 그래서 그를 표제로 삼게 되었다.

만일 저자의 수업과 별 인연 없이 이 후기까지 읽어 준 독자가 있다면, 그에게 고마움뿐 아니라 경의의 뜻을 전하고 싶다. 고루하고 진부한 내용에 지루할 수밖에 없는 글을 중간에 내려놓지 않은 인내심도 대단하지만, 아무래도 저자의 문제의식에 다소라도 공감하는 자유로운 정신의 소유자일 것으로 짐작되기 때문이다. 고루하고 진부한 것들 중에 간직해 나누어야 할 소중한 가치들이 섞여 있다는 저자의 생각에는 예나 지금이나 변함이 없다.

흐릿한 기억 속에서도 한 가지 분명한 것은, 저자가

평생의 수업을 통해 일관되게 강조해 온 화두가 바로 '질문'이었다는 것이다. 이 에세이 역시 수업의 내용을 엮은 수업의 연장이라는 점에서 거기서 예외일 수 없다. 무슨 대단한 지혜로운 대답이 아니라, 교육의 의미, 나아가 삶의 세계에 대한 절실한 물음과 그 주변의 소박한 생각쯤으로 읽히기를 바랄 뿐이다.